回族，是“回回民族”的简称，我国多民族大家庭中分布最广的少数民族，在中华民族发展史上占有重要的篇章。漫漫丝绸之路上的驼铃声、波涛汹涌大海中商贸船舶的桅杆，就是回族先民带来的讯号，这个讯号同回族的诞生一样，拉开了回族跨入中华民族序列的步伐。

国家出版基金项目

走近中国少数民族丛书

主　编/丹珠昂奔

回族

Huizu

许宪隆　张龙　著

辽宁民族出版社

图书在版编目（CIP）数据

回族 / 许宪隆，张龙著．—沈阳：辽宁民族出版社，2014．12（2020.5重印）

（走近中国少数民族丛书 / 丹珠昂奔主编）

ISBN 978-7-5497-0967-0

Ⅰ．①回…　Ⅱ．①许…　②张…　Ⅲ．①回族—民族历史—中国　②回族—民族文化—中国　Ⅳ．①K281.3

中国版本图书馆CIP数据核字（2014）第310746号

走近中国少数民族丛书·回族

ZOUJIN ZHONGGUO SHAOSHU MINZU CONGSHU · HUIZU

丛书策划 / 李凤山

出版发行者：辽宁民族出版社
地　　　址：沈阳市和平区十一纬路25号　邮编：110003
印　刷　者：晟德（天津）印刷有限公司
幅 面 尺 寸：170mm×240mm
印　　　张：11
字　　　数：157千字
出 版 时 间：2014年12月第1版
印 刷 时 间：2020年5月第2次印刷
责 任 编 辑：李凤山　吴昕阳
封 面 设 计：杜　江
责 任 印 制：杨　雪
责 任 校 对：边京爱

标准书号：ISBN 978-7-5497-0967-0
定　　价：38.00元

网　址：www.lnmzcbs.com　　邮购热线：024-23284335
淘宝网店：http：// lnmz2013.taobao.com
如有印装质量问题，请与出版社联系调换　联系电话：024-23284340

《走近中国少数民族丛书》编辑委员会

《走近中国少数民族丛书》作者名录

《蒙古族》 萨仁图娅（蒙古族）

《回族》 许宪隆（回族） 张龙（汉族）

《藏族》 丹珠昂奔（藏族）

《维吾尔族》 艾克拜尔·吾拉木（维吾尔族） 买力克·买买提（维吾尔族） 伊利迪尔（维吾尔族）

《苗族》 石莉芸（苗族） 李云兵（苗族）

《彝族》 陈国光（彝族）

《壮族》 黄佩华（壮族）

《布依族》 周国炎（布依族）

《朝鲜族》 黄有福（朝鲜族）

《满族》 于今（满族）

《侗族》 杨筑慧（侗族）

《瑶族》 玉时阶（壮族）

《白族》 董建中（白族）

《土家族》 罗中（土家族） 罗午（土家族）

《哈尼族》 朱志民（哈尼族） 李泽然（哈尼族）

《哈萨克族》 艾克拜尔·米吉提（哈萨克族） 伊拉达·拉音别克（哈萨克族）

《傣族》 赵瑛（傣族）

《黎族》 罗文雄（黎族）

《傈僳族》 鲁建彪（傈僳族） 欧光明（傈僳族）

《佤族》 郭锐（佤族）

《畲族》 钟亮（畲族）

《台湾少数民族》 林华（台湾少数民族）

《拉祜族》 苏翠薇（拉祜族）

《水族》 韦学纯（水族）

《东乡族》 马兆熙（东乡族） 马自祥（东乡族）

《纳西族》 白庚胜（纳西族） 孙淑玲（汉族） 白羲（纳西族）

《景颇族》 金黎燕（景颇族）

《柯尔克孜族》 阿地里·居玛吐尔地（柯尔克孜族）

《土族》 祁进玉（土族） 东永学（土族）

《达斡尔族》 毅松（达斡尔族）

《仫佬族》 黎学锐（仫佬族） 黎炼（仫佬族）

《羌族》 雍继荣（羌族） 罗吉华（羌族） 周发成（羌族）

《布朗族》 陶玉明（布朗族）

《撒拉族》 马成俊（撒拉族） 马建新（撒拉族）

《毛南族》 韩德明（汉族）

《仡佬族》 周小艺（仡佬族）

《锡伯族》 阿苏（锡伯族） 盛丰田（锡伯族） 何荣伟（锡伯族）

《阿昌族》 们发延（阿昌族） 张斯齐（蒙古族）

《普米族》 朱凌飞（汉族） 杨周明（普米族）

《塔吉克族》 西仁·库尔班（塔吉克族） 阿力木江·西仁（塔吉克族）

《怒族》 李月英（傈僳族） 张芮婕（傈僳族）

《乌孜别克族》 古丽巴努木·克拜吐里（维吾尔族）

《俄罗斯族》 乃珂热曼·依布拉音（塔吉克族）

《鄂温克族》 黄任远（汉族） 那晓波（鄂温克族）

《德昂族》 袁丽华（汉族） 王燕（汉族）

《保安族》 马少青（保安族）

《裕固族》 董潇红（裕固族） 王政德（藏族）

《京族》 吕俊彪（汉族）

《塔塔尔族》 卡米力·库尔马尤夫（塔塔尔族）

《独龙族》 李金明（独龙族）

《鄂伦春族》 王为华（汉族）

《赫哲族》 黄任远（汉族）

《门巴族》 陈立明（汉族） 张媛（汉族）

《珞巴族》 陈立明（汉族） 李锦萍（汉族）

《基诺族》 朱映占（汉族）

总序

中国是一个统一的多民族国家。几千年来，有着悠久历史和灿烂文化的少数民族，与汉族一道，在中华大地上繁衍生息，共同开发着这块土地，建设、发展、捍卫着这个古老而伟大的国家。各民族都是兄弟，相互离不开，都是这个国家的主人。习近平总书记在第二次中央新疆工作座谈会上发表重要讲话，指出："要坚定不移坚持党的民族政策、坚持民族区域自治制度。民族团结是各族人民的生命线。要高举各民族大团结的旗帜，在各民族中牢固树立国家意识、公民意识、中华民族共同体意识，最大限度团结依靠各族群众，使每个民族、每个公民都为实现中华民族伟大复兴的中国梦贡献力量，共享祖国繁荣发展的成果。各民族要相互了解、相互尊重、相互包容、相互欣赏、相互学习、相互帮助，像石榴籽那样紧紧抱在一起。""要在各族群众中牢固树立正确的祖国观、民族观，弘扬社会主义核心价值体系和社会主义核心价值观，增强各族群众对伟大祖国的认同、对中华民族的认同、对中华文化的认同、对中国特色社会主义道路的认同。"因此，坚持平等、团结、互助、和谐的社会主义民族关系，不断增进了解，深化友谊，建立牢不可破的感情基础，是中国社会转型期、改革攻坚期、矛盾多发期保持社会稳定、发展的基本要求，也是实现中华民族伟大复兴的中国梦的基本要求。

为了进一步宣传我国少数民族的历史文化和民族风情，增强对少数民族的认识，宣传党的民族政策和方针，加深对党的民族政策的理解，加强各民族之间的了解与沟通，让读者了解少数民族，中华人民共和国国家民族事务委员会文化宣传司和辽宁民族出版社共同组织了《走近中国少数民族丛书》。

《走近中国少数民族丛书》的编写有以下三个特点：第一，采用图文并茂的形式、鲜活生动的语言、特色浓郁的图片与丰富的民族常识链接，向读者展示我国55个少数民族的历史渊源、民族变迁、社会生活、文化艺术、风俗习惯、历史人物和民族区域自治政策的伟大实践。第二，作者多为本民族的专家学者和与民族研究工作相关的专家学者，对自己撰述的对象既有深厚的知识积累，也有真挚的情感。第三，内容彰显了历史与现实、民族文化与地域文化、民族区域自治地方与散杂居地区少数民族生产生活的多彩画卷和轨迹，引导读者走近少数民族，聆听他们的古老传说，感受他们的发展变化，加深彼此的沟通和了解。这套《走近中国少数民族丛书》是面向民族干部和各级干部通览我国少数民族概况的普及读本，也是图书馆的必备藏书。

《走近中国少数民族丛书》所揭示的每一个民族的历史，都承载着这个民族的文化，也承载着这个民族的发展和未来。中华大地孕育的55个少数民族多彩斑斓的民族文化，同汉族文化一道从远古走到今天，汇入了中华文化壮阔的历史长河。“共同团结奋斗，共同繁荣发展”，保护、传承和弘扬少数民族优秀文化，不仅是推动我国民族团结进步事业的重要内容，也是构建和谐社会、实现中华民族伟大复兴的中国梦的重要使命。期待通过《走近中国少数民族丛书》，使广大读者徜徉于少数民族多彩风情的同时，更加深刻地了解和认知中华民族多元一体的文化内涵，感受中华民族悠久历史的深远与厚重。

丹珠昂奔

2014年6月26日

前言 

回族 融通文化的民族

回族，是“回回民族”的简称，我国多民族大家庭中分布最广的少数民族，在中华民族发展史中占有重要的篇章。漫漫丝绸之路上的驼铃声、波涛汹涌大海中商贸船舶的桅杆，就是回族先民带来的讯号，这个讯号同回族的诞生一样，拉开了回族跨入中华民族序列的步伐。

从天山脚下到黑龙江畔，从蒙古草原到天涯海角，从大江南北到长城内外，从东海之滨到青藏高原，从繁华的大都市到偏僻的小山村……处处印照着他们的身影，刻画着他们的足迹。在全国几千个县城中，或多或少居住着回族成员，尤以宁夏、甘肃、河南、河北、山东、青海、云南、新疆等地为多，宁夏回族自治区的吴忠市，更以回族聚居的高密集度享有“回族之乡”的美称。元朝时就有“回回遍天下”的说法，此后的分布格局总体上来说，是大杂居、小聚居和普遍性散居。

居住区域的不同特点，生活习俗的不断演变，决定了回族是一个经济结构和职业结构多元化的民族。我们通常说这个民族是游牧民族，那个民族是农耕民族，对回族则无法如此简单地加以界定。从经济结构来看，回族既有农业，也有牧业，既有手工业，也有商业，甚至还有渔业、林业。相对而言，甘肃、宁夏、青海的回族以农业为主，兼营畜牧业；新疆和内蒙古的回族却是农牧结合，或以牧为主；河南、河北、山东等内地的回族除务农外，多兼营季节性的小商业、小手工业；云南及西南其他各省的回族，多为农商兼营，或以商业、运输业为主；海南省等东南沿海地区的一些回族则从事航海和渔业。从传统的城乡二元结构来看，农村的回族以农业为主，居住在城镇的回族多从事商业和各种服务业。回族经营的工商业多半同他们特有的生活习俗有关，全国各地的回民饭店和回民食品店以其特有的清真标识广为人知。随着社会的发展，城市和乡村中回族的从业结构也日趋多元化。

每个民族的形成都有其一定的脉络，回族的形成和发展，历经了千年的历程。肇始于盛唐，萌芽于蒙元西征，形成于元末明初，历经数百年。经过明清两朝的洗礼、近代的抗争，在新中国的舞台上，同其他少数民族一起，被确认为56个民族之一，并得到世人的承认。

翻开回族萌芽、形成、发展的历史，我们看到了一段这样的故事：恢宏博大的唐朝吸引了各国商人、使者，西亚、中亚地区成为沟通东西方贸易的重要连接点，来自阿拉伯半岛、伊朗高原等地的穆斯林商人成为丝绸之路的主要旅行者。他们中的一些人，在长期留驻中华大地的同时，与当地人缔结姻缘，繁衍下他们的后裔，留存了自身的文化。经过宋代延续，形成了居留当地数代的土生蕃客。“回回”一词早在北宋沈括《梦溪笔谈》和南宋彭大雅《黑鞑事略》中出现，主要指葱岭东、西处于喀喇（哈拉）汗朝统治下的“回纥（回鹘）人”。回族和“回纥”“回鹘”发音相近，应是后者的音转或俗写。其时，伊斯兰教已由喀什噶尔向东南传播到和田、叶尔羌、英吉沙尔等地。因此，“回回”应包括有信仰伊斯兰教“回纥人”在内的含义。12世纪30年代，喀喇汗朝亡于西辽，其居民大部分仍是穆斯林。元朝时期，蒙古军队的数次大规模西征，大批西亚、中亚人举族被签发到中国，他们主要以驻军、屯牧、工匠、商人、学者、官吏、掌教等不同身份散布在中国的西北、中原及江南、云南等地区，被称为“回回人”，成为元代色目人中的重要部分。元明时期，伴随中亚、西亚信仰伊斯兰教人士在中国的留居，他们同其他民族群体进行通婚，一些汉族、蒙古族、维吾尔族等民族融入“回回人”中。伊斯兰文明同儒家文明相互汇通，汉语逐步成为“回回人”的通用语，“回回民族”正式形成。由于回族的族源及分布特点，在使用汉语作为通用语的同时，还保留了一些阿拉伯语和波斯语的词汇，边疆地区的回族还经常使用当地的少数民族语言。

清代以来，为了抵制统治阶级的民族歧视政策，回族掀起了多次反抗运动，不屈不挠。近代以来，回族在保家卫国的反帝斗争中，涌现出了众多可歌可泣的爱国志士，为中华民族的独立、自强贡献了力量。中日甲午战争中的爱国将领左宝贵、抗日战争中著名的冀中回民支队马本斋等，都在抵抗外辱的战争中，谱写了可歌可泣的英雄篇章。

1949年中华人民共和国成立后，国家赋予各个民族平等的身份，回族与兄弟民族在和平友好的环境中，共同为建设祖国的繁荣富强而努力。

每一个民族都是一朵花，每一朵花都有它的花瓣和花蕊。在科技、文化等领域中，回族也闪耀着独有的鲜艳。西北地区的“花儿”以其独特的民歌风韵广为流行；服饰文化上，白色回回帽及不同颜色的斗篷、盖头常常为外人所熟知；回族武术以其拳种和器械的种类繁多，成为中华武术的重要一支；回族体育，像踏脚、木球等运动，即为回族所独有……

走近回族，发现神奇！

目录

行証真経為道
品尊至聖不帝不王

第一章
播撒传承：丝绸之路上的蕃客

丝绸之路是一条连接东西方贸易的交通要道，也是一条民族交融的连接道路。中亚、西亚商人在留居中国的过程中，成为中国回族的先民。

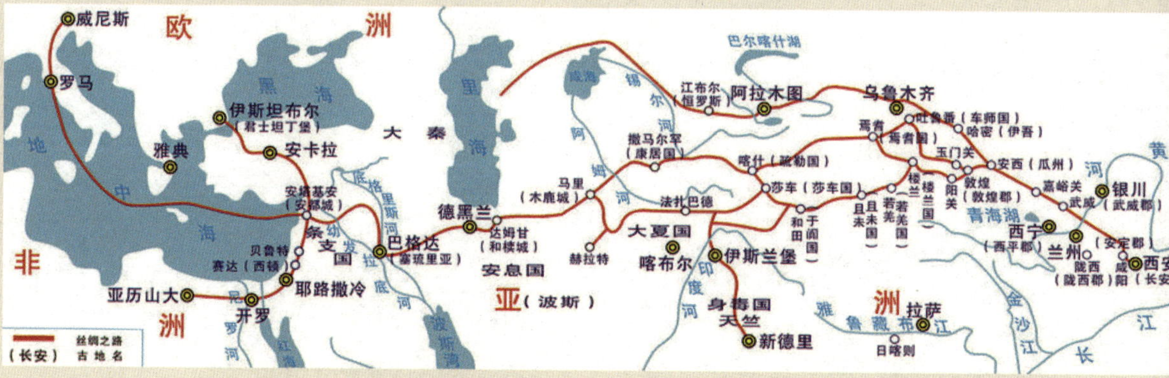

▲

汉代古丝绸之路

自汉武帝北击匈奴、西通西域以来，中国与外部世界的空间，通过一条丝绸之路联系起来。丝绸之路在西汉时期以都城长安（今西安）为起点，东汉时期以都城洛阳为起点，跨越陇山山脉，穿过河西走廊，通过玉门关、阳关，抵达新疆，沿绿洲和帕米尔高原通过中亚、西亚和北非，最终抵达非洲和欧洲。随着中央王朝控制领域的增大，“香料之路”，即海上丝绸之路也随之畅通起来，以中国东南沿海为起点，经东南亚、南亚、非洲，最后到达欧洲。

往来丝绸之路上的客商成为商路上的风景，在互通有无的同时，他们也将自身的文明传播过来。盛唐时期，国力强盛，同周边国家的交往也日趋增多。与之同时并存的阿拉伯帝国横跨亚非欧，同唐朝接壤。这一时期穿梭于“丝路”的阿拉伯、波斯等中亚、西亚穆斯林商人，在侨居、定居中国成为蕃客的同时，也逐步繁衍下他们的后裔，被称为回族的先民。

梦回唐朝

回族的起源，有一个流传已久的故事，讲述的是唐太宗与回族先人的交往：

唐太宗在正式登基的第二年，一天夜里，他做了一个奇怪的梦，一个头戴缠巾的人正在追逐妖怪，结果追着追着闯入了皇宫内。之后，太宗惊醒了。第二天，太宗召集文武群臣，讲述了自己的梦境，让大家帮助解梦。圆梦官解释说：“戴缠头巾的人应该是西域地区的‘回回人’。往嘉峪关西边，有一个‘回回人’的国家。皇上梦中有妖怪闯入皇宫，需要‘回回人’帮助才能消灭。”大臣们纷纷劝说太宗派人向“回回国王”求助，让“回回国王”派遣能人来除妖。于是，太宗便遣使到西域“回回国”求助，“回回国王”派遣了国中三位圣人前来。不幸的是，其中二人病故在路途中，被葬于星星峡。只有宛葛思一人平安而至中国。太宗优待他，向他请教经典，宛葛思告诉太宗西域有《天经》(《古兰经》)。太宗闻知此经典是圣人所传，希望学习经典。于是挑选了唐兵3 000人前往西域，换回来“回回士兵”3 000，这3 000“回回士兵”就留在中原繁衍生息，成为今天的回族祖先。

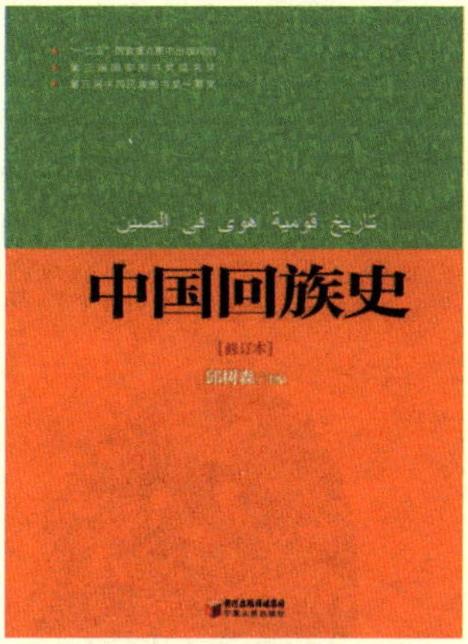

《中国回族史》书影

知识链接 传说唐太宗时候，宛葛思受圣人穆罕默德（伊斯兰教创始人）的派遣来华后，由于学识渊博，受到唐太宗的礼遇，留居长安，并传播伊斯兰教。几年后，宛葛思思念家乡，要求回去，受到太宗挽留。后来，他又再次要求回去，太宗十分惋惜，自言自语说：“他这个人呀，今天要回，明天要回，老回呀回呀的，要想个办法把他留住。”接着，他就吩咐大臣说：“你去给那个‘老回回’说，叫他再住个把月，等天气一好，就让他回。”从此，“老回回”的名字就传开了。后来，把信仰伊斯兰教的人统称为“回回人”，乃至“回教徒”等等。事实上，有关回族名称，有其历史的演变。

这个口述故事虽然缺乏历史考证，但也表明了回族的祖先有来自西域往西的居民。古代的西域包括中国的新疆，以及中亚一带广阔地域。事实上，回族的族源很广，经近现代学者的研究，主要有以下几方面：

1. 侨居、迁移过来的阿拉伯人、波斯（今伊朗）人，以及中亚地区的中亚人、突厥人。主要分两个时期，一是自7世纪以来，唐宋时期侨居西北及东南沿海的阿拉伯人、波斯人。651年，伊斯兰教传入中国，大批阿拉伯和波斯的穆斯林商人陆续由海路和陆路来华。唐宋时期，大批穆斯林主要居住在广州、泉州、扬州、长安、开封及昆明等地。他们修建礼拜寺，不少人娶妻生子，繁衍生息，世代定居。当时，这些人被称为蕃客。土生蕃客。到元代才被称为“回回蕃客”或“南蕃回回”，成为“回回人”的一部分；二是自13世纪初，蒙古军进行了长达半个世纪的西征，数十年间，将攻占地区众多穆斯林强行迁往中国。军士和工匠往往就地落籍，形成“元时回回遍天下”的局面。因穆斯林有功于蒙古政权，故被列入仅次于蒙古人的色目人中，享有较高的社会地位，其宗教信仰也得以保持和传承。这些被迁入中国的中亚各族人、突厥人、波斯人和阿拉伯人，因其数量巨大，成为今天中国回族的主体。

元代沈阳路城隍庙碑刻记有沈阳元代回族信息

2. 基于伊斯兰教信仰融入回族的汉人、蒙古人、维吾尔人。汉族群体的一部分在接受伊斯兰教教义的过程中，逐步转化为穆斯林，成为回族的一部分。此外，由于通婚和政治等原因，汉族人融入“回回”的亦不少。按伊斯兰教义，与回族结婚的汉族男女，都需要改信伊斯兰教，这部分人也成为回族的一部分。

元代，由于在征服过程中，同穆斯林信徒的接触，致使一部分蒙古人改信了伊斯兰教，成为回族的一分子。今沈阳“脱”姓“回回”为一望族，《脱氏家谱》记载脱姓的始祖为元丞相脱脱，从14世纪中叶定居沈阳，信仰伊斯兰教，遂成沈阳明清以来回族一大姓。

明代礼拜寺香炉

维吾尔族的先祖“回鹘（回纥）人”，曾经建立了我国历史上的“回鹘汗国”。9世纪中叶“回鹘汗国”崩溃，“回鹘人”西迁。10世纪以来，陆续改信伊斯兰教。明代中叶以后，维吾尔族普遍接受伊斯兰教的信仰，而维吾尔人中因征战、屯戍而定居内地者，除极少数外均被称为“回回”，成为回族的一支来源。现在，从家谱、史籍中仍然可以看到回族中维吾尔人的成分，即使从骨骼特征上，也能在今西北回族地区看到，而历史记载就更多了。

3. 古代的一些少数民族融入回族。从今天回族的一些姓氏来看，古代的一些少数民族也可能有融入回族之中的。女真、鲜卑、党项、狄等一些大姓在当今的一些回族中依然可以发现。而元代定居中原及江南的“哈剌鲁人”和“阿儿浑人”，因为不少信奉了伊斯兰教，大约到元末被认为“回回”，这也是中国回族的一个来源。

4. 犹太人进入回族行列。唐宋时从海路来中国的犹太人，落籍河南开封的较多，经过长期的民族融合，明代开封犹太人有17姓。清初还有李、赵、艾、张、高、金、石七姓，称“七姓回子”，又因犹太人喜戴蓝色帽或缠蓝色布，又称“蓝帽回回”，今仍居住在开封北教经胡同。融于回族中的犹太人后裔对外都称是“回回人”。

5. 菲律宾、越南等东南亚国家穆斯林加入中国回族行列。1417年，苏禄国（今菲律宾的一部分）的苏禄东王率使团访京，归途中病逝于山东德州附近。王妃和次子温哈喇、三子安都鲁等为其守墓，后定居中国不归。因信仰习俗与当地回民相同，并与之通婚联姻，在今德州的北营村落居，其后裔以温、安两姓相称，成为回族的一分子。

海南省5 000多回族全部聚居在三亚市羊栏镇的回辉、回新两乡。《琼州府志》记载：琼州回民的祖先大约在宋元之间从古占城（今越南平定一带） 而来，后居住于三亚市、陵水县一带。今当地人仍称呼回民为“蕃人”，也以“蒲”姓居多。

6. 藏族人加入回族行列。最为典型的是青海省化隆回族自治县卡力岗地区的德恒隆和阿石隆两个乡，有近万藏胞加入回族中来。1750年前后，甘肃河州（今甘肃省临夏回族自治州）花寺门宦教主马来迟到青海循化进行宣教活动，在卡力岗地区藏族中，以伊斯兰教教义“顺从和平”来制止当地的仇杀和械斗，并用回族的风俗影响藏族同胞。经过长期的演化，在信仰、饮食习俗上当地藏族与回族无大的差别。如今他们的后裔已成了回族，并以马姓居多。

7. 傣族、白族、满族、苗族和壮族同胞融入回族之中。在云南西双版纳傣族自治州勐海县的回族，以及在云南大理白族自治州洱源县的部分回族，他们主要是因经商和清末杜文秀回民起义失败后进入当地，同傣族、白族联姻，形成今天傣族、白族地区的回族。

此外，从姓氏中，也可以看到满族、苗族和壮族融入回族的例子。

盛唐贸易

唐朝疆域广大，范围最大时为7世纪，当时中亚的绿洲地带受唐朝支配。其控制范围南部为今越南北部，北部到达今俄罗斯安加拉河流域，西部为乌兹别克斯坦布哈拉，东边为吉林通化。唐朝在文化、政治、经济和外交等方面都达到了很高的成就，是中国历史上的盛世之一，也是当时世界的强国之一。那时，周边国家在其政治体制与文化等方面都受到唐朝的很大影响，其声誉甚至远及海外，与南亚、西亚和欧洲国家均有往来。有唐一代，“盛唐气象”的恢宏、博大与开放，成为这一历史时期的象征。

李隆基

知识链接 618年，唐高祖李渊定都长安（今西安），设洛阳为东都。627年，唐太宗李世民登基后开创了“贞观之治”。唐玄宗李隆基即位前期，励精图治，政治清明，经济、军事实力雄厚，开创了全盛的“开元盛世”。755年，唐朝发生了地方军阀安禄山、史思明的叛乱，叛乱平息后，地方形成了割据势力，京城内有宦官把持权政，国力逐步衰落。907年，地方军阀朱温篡唐，唐朝灭亡。唐朝延续近300年。

唐朝的对外开放，首先来自自身社会经济的繁荣。

农业方面，唐朝时期农业技术、农具使用都有所进步。此外，唐朝建国以来，又兴修了很多大型水利工程。有唐一代共修了264项水利工程，使农业生产大大发展。“贞观之治”“开元之治”就是在这种历史条件下出现的。

唐朝的手工业，无论是技术水平、产品种类或生产规模都超过了前代。当时纺织的技术很高，如“长安罗”非常精致，唐朝诗人李商隐曾有“万里云罗一雁飞”的诗句。陶瓷业也发展到新阶段，当时江南的温州（今浙江温州市）、丽水（今浙江松阳县东）、潮州（今广东潮安）等地，都产青瓷。除青瓷以外，又发明了白瓷和三彩陶器。

唐三彩——马与牵马俑

农业和手工业的发展，促进了唐代商品种类的增多，涉及人们日常生活的吃、穿、住、行、用等各个方面。当时长安市场上的商品大致可分为粮食、食品、纺织品、衣服、皮革、蔬菜、花果、水产品、肉品、生活用品、生产用具、牲畜、文化用品、丧葬用品等20多个种类，不但有一般的消费品，而且还有奢侈品。众多的商品种类，在促进人们交换的同时，也促进了对外贸易的发展。

当时以长安为中心，设置驿路，贯通于全国各地。唐朝的陆路交通，继续沿着汉朝以来的丝绸之路，与中亚及阿拉伯国家交往。每年有大批商人、使节沿着丝绸之路来中国进行贸易。唐朝时，在扩展对外交通方面极为成功，史书多有记载。《皇华四达记》记载：当时，通往周边民族地区和域外的主要有7条交通干道：1. 营州入安东之道；2. 登州海行入高丽、渤海道；3. 夏州塞外通大同、云中道；4. 参天可汗道；5. 安西入西域道；6. 安南通天竺道；7. 广州通海夷道。此外，还记有从长安分别通往南诏的南诏道和通往吐蕃的吐蕃道。上述道路，安西入西域道为向西方向，可通往西域，穿越帕米尔高原和天山的各个山口到达中亚、南亚与西亚，或远至欧洲，即著名的陆路“丝绸之路”。在扩展对外交通干道的同时，唐朝还在沿途遍设驿所。各国商人带着从西方贩运来的香料、药材、珠宝等以换回中国的丝织品和瓷器。所以在唐初，陆上丝绸之路成为对外贸易的重要通路。

知识链接 **玄奘与丝绸之路** 唐代高僧玄奘，即小说《西游记》中的唐僧，他前往西天取经的路线就是通过“丝绸之路”中的安西入西域道。经考证，玄奘当年取经的路线是从长安出发，穿越河西走廊，过星星峡，进入哈密、吐鲁番盆地、塔里木盆地，登上帕米尔高原，翻越兴都库什山达坂，抵达印度佛教圣地那烂陀——也就是《西游记》中唐僧取经的西天大雷音寺。活动全程1万多公里，途经吉尔吉斯斯坦、乌兹别克斯坦、阿富汗、巴基斯坦、印度、尼泊尔等国家。

唐朝对外贸易的繁荣兴旺，还表现在海上交通与贸易的发达。上述通往海外道路中的广州通海夷道，即为海上航行通道。安史之乱以后，陆上丝绸之路交通受阻，海上交通与贸易发展显得更为重要。由于香料为海上丝绸之路的重要运载商品，这条道路又称“香料之路”。唐中期以后，瓷器逐渐成为对外出口的大宗，海运的发展也为运输瓷器这类质重易损的商品提供了便利条件，有人也将海上丝绸之路称为“瓷器之路”“陶器之路”。海上丝绸之路的兴起，也是基于海运事业的发展。《新唐书·地理志》记载了“广州通海夷道”，已能通往印度洋，直达波斯湾，全长1万多公里。在朝鲜、日本，东南亚、南亚、西亚、非洲都出土了大量唐代和五代的瓷器。沿着海上航线，中国和亚非各国的商船，往返不绝，促进了唐朝与阿拉伯国家、东南亚各国的贸易往来。

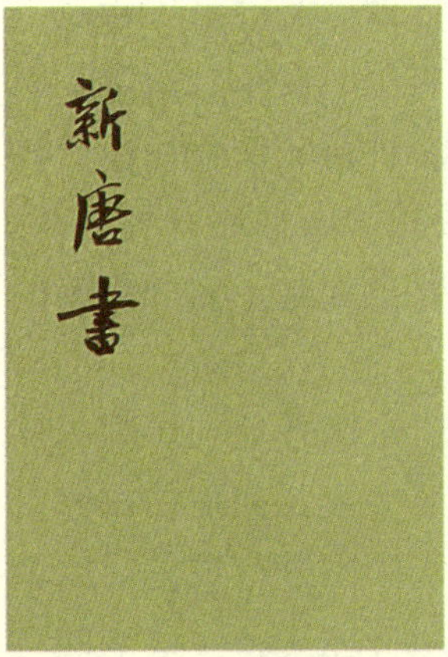

《新唐书》书影

正是唐朝同阿拉伯世界商品贸易的繁荣，为回族先民进入中国提供了现实的条件，成为回族众多起源的一个源头。

大食帝国

先知时期（610—632）

阿拉伯半岛地处亚、欧、非三大洲交汇地带，濒临里海、黑海、地中海、红海和阿拉伯海，居于沟通大西洋和印度洋的枢纽地位，自古就是东西方贸易的重要商业要道。6世纪末至7世纪初，阿拉伯半岛还处在原始氏族部落解体、阶级社会形成的大变革时期，社会动荡不安，人们呼唤统一。伊斯兰教兴起前，半岛上的阿拉伯人主要信仰原始宗教，盛行多神信仰。尽管也有信奉一神的犹太教和基督教传入，但未能取得支配地位。伊斯兰教的创立，才改变了万物有灵的信仰状态。

伊斯兰教的创传人穆罕默德，生于麦加城古莱什部落哈希姆家族。自幼父母双亡，由祖父和伯父抚养。25岁时，他同雇主麦加富孀赫蒂彻结婚，经常隐居潜修。40岁时，宣称接受了真主给予的“使命”，便开始了历时23年的传播伊斯兰教活动。起初在麦加是秘密传教，一些至亲、密友成为最早的信奉者。612年，穆罕默德转为公开向麦加一般群众传教。由于穆罕默德所传教义从根本上动摇了部落传统多神信仰的地位，触犯了麦加古来什贵族和富商掌管克尔白的宗教特权和经济利益，同时也颠覆了部分下层群众的传统多神信仰，因而受到反对和迫害。622年9月，穆罕默德率领麦加穆斯林迁徙麦地那，标志着伊斯兰教进入新的历史发展阶段。在麦地那，穆罕默德领导穆斯林进行了政治、经济、宗教等一系列改革。当地居民陆续接受了伊斯兰教，他以伊斯兰教共同信仰代替部落血缘关系，建立了以“乌马”（“民族”“国家”）为形式的政教合一的政权。为巩固麦地那政权，穆罕默德组织了穆斯林武装。在“为安拉之道而战”的号召下，于624—627年间，他领导穆斯林武装同麦加贵族进行了著名的白德尔之战、伍侯德之战和壕沟之战等战役，取得胜利。

知识链接 **壕沟之战** 穆罕默德自622年迁徙麦地那后同麦加贵族进行的第三次武装战役。麦加古莱什贵族因白德尔之战的失败和伍侯德之战徒劳无功，不甘罢休，经过两年的加紧备战，纠集各种反穆罕默德的力量，妄图摧毁麦地那穆斯林政权。627年3月，由麦加贵族艾布·苏富扬率领的11个部落1万余人（一说2.4万人）的联军围攻麦地那。穆斯林守军只有3 000多人，力量对比悬殊。此时，新改信伊斯兰教的波斯人赛勒曼向穆罕默德建议，在环城20里挖掘又宽又深的防卫战壕，派3 000军士把守周围。麦加联军多次试图越过壕沟，但都遭遇失败。双方对峙一个多月，最后联军因遭飓风袭击，被迫撤退，穆斯林军趁势出击，大败联军，取得了决定性的胜利。这一战役的胜利，是麦地那穆斯林军在战略上由防御转入进攻，制服麦加古莱什贵族，进而统一阿拉伯半岛的转折点。

628年，穆罕默德率军抵近麦加，麦加贵族被迫妥协，同穆罕默德签订《侯德比亚和约》，决定双方休战10年。630年，穆罕默德以麦加贵族违背协议为由，率领穆斯林大军逼近麦加城下，麦加贵族被迫请降，接受伊斯兰教，并承认穆罕默德的先知地位。进入麦加后，穆罕默德下令捣毁克尔白殿内全部偶像，只保留黑色陨石，并改克尔白殿为清真寺，宣布克尔白为禁地。从此，麦加克尔白成为世界穆斯林礼拜的朝向和朝觐的中心。631年末，半岛各部落相继归信伊斯兰教，承认穆罕默德的领袖地位，基本上实现了半岛的政治统一。632年3月，穆罕默德率10万穆斯林到麦加进行了一次经过改革的朝觐，史称“辞别朝觐”。他亲自确立了朝觐的一系列仪典，成为后世穆斯林朝觐所遵循的范例。同年6月8日穆罕默德在麦地那病逝。

四大哈里发时期（632—661）

穆罕默德逝世后，他最亲近的弟子艾卜·伯克尔、欧麦尔、奥斯曼、阿里先后继承他的事业，称“哈里发”（安拉使者的继承人）。四大“哈里发”执政的30年间，对伊斯兰教的传播和发展做出了重大贡献。艾布·伯克尔执政期间，平息了当地一些部落的武装叛乱，重新统一了阿拉伯半岛。欧麦尔执政期间，乘波斯、拜占庭帝国连年战争，力量削弱之机，先后征服了叙利亚、巴勒斯坦、伊拉克、波斯、埃及等地，并采取凡归信伊斯兰教者免交人丁税的政策，吸引被征服地的居民更多改奉伊斯兰教，使

《古兰经》手抄本

伊斯兰教发展成世界多民族信仰的宗教。他还制定了伊斯兰教历，以622年7月16日作为纪年元旦，以纪念穆罕默德由麦加迁徙麦地那这一重要历史事件。奥斯曼执政期间，继续西进征服北非。东征到达中亚，促使更多征服地区的居民改奉伊斯兰教。为统一伊斯兰教思想，组织专人编纂成固定版本的《古兰经》，为伊斯兰教和阿拉伯语向世界的传播提供了经典依据。阿里执政期间，因伊斯兰教上层领导集团争夺"哈里发"权位斗争的进一步激化，导致了穆斯林之间的内战。661年，阿里被刺后，四大"哈里发"时期结束，继之而起的是以家族掌权的王朝时代。

王朝时期（661—1258）

伍麦耶王朝时期（661—750）　661年，由伍麦耶家族出身的穆阿维叶所创建，定都大马士革，我国称之为"白衣大食"。王朝在稳定政局后，从7世纪中叶起，继续大规模向外扩张。在东部沿波斯先后占领了阿富汗和印度西北部，继而征服了外高加索，控制了中亚大部分地区，势力直达帕米尔高原。在西部征服了马格里布地区，并利用降服的柏柏尔人为主力，于711年渡过直布罗陀海峡进攻西班牙的西哥特王国，占领比利牛斯半岛大部分地区，将伊斯兰教传入西南欧。732年，在高卢（今属法兰西共和国）西南部战败，伊斯兰教向西方的扩张就此止步。8世纪中叶，其版图东起印度河流域，西临大西洋，北界咸海，南至尼罗河，成为地跨亚、非、欧三洲的大帝国。

王朝末期，各种社会矛盾日趋尖锐，750年王朝被各地民众起义所推翻，阿拉伯半岛进入阿拔斯王朝时期。

阿拔斯王朝时期（750—1258）

穆罕默德叔父阿拔斯的后裔艾布·阿拔斯建立，定都巴格达，中国称为“黑衣大食”。国王自称为“安拉在大地上的影子”，奉行宗教和世俗并重的政策。阿拔斯王朝建立之初，因对外大规模征战的结束，出现了安定的政治局面，生产力有较大的发展，经济和对外贸易走向繁荣。国内主要城市商旅云集，对外垄断海上贸易，阿拉伯商人的足迹遍及亚、非、欧各地。伊斯兰教的宗教学术如教法学、《古兰经》学、圣训学、凯拉姆学、苏菲学等有较大发展。逊尼派、什叶派已由早期的政治派别转变为宗教派别，形成了各自独立的教义和学说。

9世纪中叶后，由于王朝实行封建分封制，各地总督和封建主割据一方，帝国逐渐四分五裂。10世纪时，北非、埃及什叶派的法蒂玛王朝（909—1171）、西班牙的后伍麦叶王朝（756—1031）同阿拔斯王朝形成三足鼎立的局面。945年什叶派的布韦希王朝入主巴格达，“哈里发”仅保留宗教领袖的地位。1055年，塞尔柱突厥人进入巴格达，“哈里发”成为塞尔柱素丹手中的傀儡。继之而来的是十字军东侵（1096—1291）和蒙古人的西征，阿拔斯王朝终于在1258年被蒙古旭烈兀所灭亡。

阿拔斯王朝覆灭后，伊斯兰世界陆续出现土耳其人建立的奥斯曼帝国（1299—1922），以及16世纪建立的波斯萨法维王朝（1502—1722）和印度的莫卧儿王朝（1256—1857）。这三个王朝时期，对中国回族的形成、发展的影响不占主流。

总体来说，伊斯兰教早期向世界的传播，与阿拉伯帝国的对外征服密不可分。伊斯兰教在中国的传播，主要集中在四大“哈里发”时期和阿拉伯帝国时期。7世纪中叶，阿拉伯、波斯和中亚的穆斯林商人及学者，通过海陆的“丝绸之路”将伊斯兰教传入大唐帝国。13世纪，随着蒙古西征，被东迁中国的中亚、西亚人将伊斯兰教再次高密集度地带入中国。

文明碰撞

大唐帝国与阿拉伯帝国为中世纪世界最强盛的两大政权，唐朝所处时段基本同阿拉伯帝国扩张前期相吻合，两国之间的交往也深深影响了日后的世界政局、文化发展、历史变革等方面。

圣训：爱国是信仰的一部分

伊斯兰教于唐代何年传入，学者意见不一。据说，穆罕默德曾经告诫他的弟子们说："知识即使远在中国，亦当往求之。"据《旧唐书·西域传》记载：651年，阿拉伯帝国第三任正统"哈里发"奥斯曼派遣使节抵达长安与唐朝通好，这是两国之间有据可查的最早文献。一些学者将此时间认定为伊斯兰教传入中国之始。事实上，政治交往同文化传播往往并不等同，文化传播往往早于政治交往，但通过两国交往的时间，可以肯定唐朝初年就是伊斯兰教开始进入中国传教的时期，而且通过现有的清真寺遗址也可以证明这点。唐高宗为穆斯林使节敕建清真寺，广州最著名的清真寺怀圣寺即建于741年前后。此后双方来往频繁。在中国史书的记载中，"大食"使节来访次数达37次。

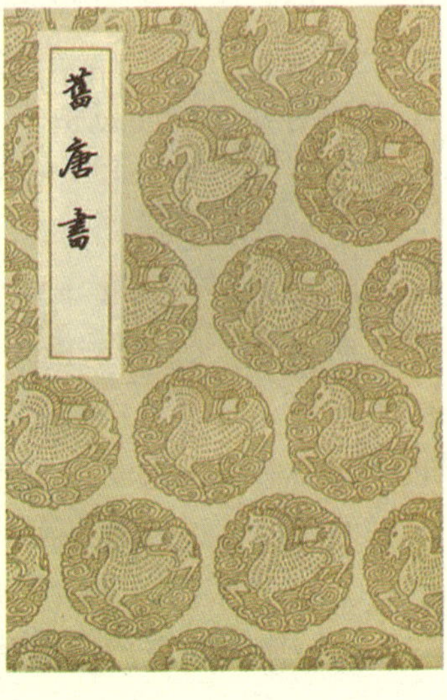

《旧唐书》书影

751年，阿拔斯王朝军队在中亚

怛罗斯战役中击败唐朝将领高仙芝率领的唐朝和中亚各族联军，成功夺取了中亚西部河间地区的控制权，与唐帝国隔葱岭相对峙。

知识链接 **怛罗斯战役** 唐与阿拉伯之间的怛罗斯之战，直接原因是石国问题。石国居于锡尔河流域，为唐朝藩属国，唐玄宗开元初年曾册封莫贺咄吐屯为石国国王。750年，时任安西节度使的高仙芝因石国“无番臣礼”率兵征讨，石国国王莫贺咄吐屯请求投降，高仙芝允诺和好却失信，带兵袭击石国，进行掠夺，还将俘获的石国国王送往长安斩杀。逃出的石国王子向阿拉伯帝国求援，阿拉伯帝国派遣了一支军队进行救助。为了先发制人，高仙芝于751年，率蕃、汉3万军队，挺进阿拉伯帝国境内，在怛罗斯与阿拉伯帝国的援军及附属国家的军队相遇，两军相峙5日，由于高仙芝所率蕃军中葛罗禄部叛乱，与阿拉伯帝国的军队联合夹击唐军，致使唐军腹背受敌，遭受失败，史称“怛罗斯战役”。

唐朝同阿拔斯王朝之间贸易也很频繁，从世界各地输入阿拔斯王朝首都巴格达的商品，来自中国的就有丝绸、瓷器、纸张、墨、香料和孔雀等。而一些生产技术也通过某些途径传入阿拔斯王朝，为阿拉伯人所掌握。如8世纪，中国之外的第一个造纸作坊出现在阿拉伯境内的撒马尔罕，文献记载为：“纸是由俘虏自中国引入撒马尔罕的。”几乎与此同时，巴格达也出现了造纸作坊，他们的造纸技术都是由来自中国的工匠师傅传授的，按照中国造纸方法生产出来的纸张平滑柔和，很快风靡阿拉伯帝国，造纸术后来从阿拉伯传往欧洲。继造纸术之后，一些中国的其他发明创造也通过丝绸之路传进阿拉伯帝国，后来通过西班牙、西西里和法国部分地区传遍欧洲，对西方的文明产生了很大的影响。

唐与阿拉伯之间主要通过丝绸之路来互换商品和医药的知识、药材等，居中牵线的主力则在于回鹘人（今维吾尔族先民）以及西域各贸易城市和国家。唐代许多工艺品（以陶瓷最有名）和诗词、书画也都通过商业贸易辗转各国。除了陆上丝绸之路的考古发掘外，近几年来海上丝绸之路的考古也屡屡爆出新闻，沉船上打捞的文物，尽管是唐代打造，但许多带有浓郁的西亚色彩，而打捞上的瓷器更是多种多样。

伴随科学与文化交流的发展，不仅伊斯兰教传入了中国，而且阿拉伯帝国先进的数学、天文历法与航海、地理知识也开始被中国人了解。有关考证也验证了伊斯兰与大唐的医学交流，1974年吐鲁番小桃沟出土有汉文、回鹘文合璧药方（现藏新疆博物馆），透露出回鹘人对汉族医学的学习和研究，年代在回鹘人迁入后不久，其药方内容虽已残缺不全，但仍可看出多以中原用药为主：中原的炼丹术、华佗麻醉术等很可能是经西域（尤其高昌回鹘）而传之于阿拉伯及西方世界的。同样，阿拉伯、波斯及拜占庭的商人继续将香药等送到中国出售，也多通过横穿高昌回鹘境内的丝绸之路。

8世纪中叶，怛罗斯战役中被俘的中国人杜环，逃亡途中去过阿拉伯地区，足迹远至北非马格里布地区的摩洛哥，并且将其所见所闻写成一本书——《经行记》，为中国和阿拉伯文明的交往留下了珍贵的记录。

泉州灵山“圣墓”

10世纪，阿拉伯商人苏莱曼与航海家伊本·瓦哈比的商船经海上丝绸之路驶进中国的广州港。他们对于当地风土人情做了大量描写，汇成《中国印度见闻录》，使当时的阿拉伯世界进一步认识了中国。此类故事可能为阿拉伯名著《一千零一夜》提供了与中国相关的素材。

蕃客繁衍

唐代，人们习惯将来华的外国使者和商人称作“蕃客”或“蕃商”。这些蕃客或蕃商中，以阿拉伯、波斯穆斯林居多。蕃客、蕃商主要分两条线路进入中国内地，许多人留居中国，娶妻生子。一条线路是陆路丝绸之路，抵达唐帝国的首都——长安，另一条是海上丝绸之路，抵达南方沿海城市——广州、泉州和杭州等地。除沿海城区及都城长安，一些蕃客、蕃商也曾进入内地，甚至到达四川一带。

回族先民称为“蕃客”

当时在中国各大都市居留的蕃客、蕃商，数量是很可观的。以广州为例，因其外贸发达，担任当地官员的收入都很富裕，有传言称“广州刺史但经城门一过，便得三千万”。这些收入很多是来自当地蕃客、蕃商缴纳的税收。据苏莱曼《中国印度见闻录》记载，唐末在广州从事贸易活动的外国人有一个时期竟达12万人以上。

有关蕃客、蕃商记载的城市还有许多。760年，淮南节度使田神功借平定刘展之乱，大掠扬州，“商胡、大食、波斯等商旅死者数千人”。

泉州港在唐朝时已是重要通商口岸。834年，上谕云：“岭南、福建及扬州蕃客，宜委节度观察使，除舶脚收市进奉外，任其来往，自为交易，不得重加税率。”

海南岛位于南海之要冲，是来华蕃舶及贡船中转、避风的停泊之地。唐时有许多阿拉伯人、波斯人因船舶受飓风侵袭，上岸避险而留居；也有被掳掠后被迫落籍当地的。天宝年间盘踞万安州（今海南陵水东北地区）的海盗冯若芳，“每年劫取波斯船二三艘，取物为己资，掠人为奴婢。其奴婢居处，南北三日行，东西五日行，村村相次”。可见人数之多。

蕃客、蕃商中，既有万里求宝鬻珠的行商，也有开店设铺的坐贾；既有在民间游走的私商，也有以朝贡名义开展变相经贸活动的官商。朝廷在大城市设有专门接待他们的邸店和住坊，有他们单独居住的蕃坊。朝廷为规范他们的经营，专门为他们立法，在沿海重要港口城市设置市舶司，专门掌管对外贸易。

泉州“圣墓”石牌坊

这些往来居住的外商在中国的活动范围很大，几乎所有水陆交通发达的大中城市都有他们的足迹。可以说，凡是外商经常出

知识链接 **怀圣寺** 又名狮子寺，俗称光塔寺，是中国四大古代清真寺之一，建于唐初，是伊斯兰教传入我国最早建立的清真寺之一，地处古阿拉伯客商聚居的“蕃坊”。为纪念伊斯兰教创始人“至圣”穆罕默德，故名怀圣寺。又因寺内有一光身柱形塔，故又称光塔寺。1343年毁于火，1350年重建，其后明清时期先后重建。

怀圣寺位于广州市越秀区光塔路56号，寺院坐北向南，占地面积2 966平方米，在主轴线上依次建有三道门，看月楼、礼拜殿和藏经阁。光塔在寺西南角，还有回廊和碑亭。光塔始建于唐代，高36.3米，青砖砌筑，塔身圆筒形，向上有收分，表层涂抹灰沙，塔身开长方形采光小孔，塔内设螺旋形楼梯，双梯绕塔心盘旋而上，各自直通塔顶。塔顶原有金鸡，可随风旋转以示风向，明初为飓风所坠。顶部用砖牙叠砌出线脚，上砌尖形顶，为1934年重修。此塔为国内现存伊斯兰教建筑最早、最具特色的古迹之一。1996年11月，国务院公布怀圣寺为全国重点文物保护单位。

怀圣寺光塔

人或聚集人数较多的城市，必是商业或转输贸易兴盛的城市，如唐德宗朝，当时有留居长安达40年之久的“胡人”（回鹘），娶妻生子，置田举质，并一直享受外宾待遇。还有很多外商是以朝贡使团的名义从事商业活动的。唐朝对朝贡使团有很多优待政策和措施，如根据路程远近给付资助的粮食，安排住宿，给予的馈赠往往超过进贡物品的价值，允许市场贸易。邀请参加皇帝举办的“宴集”。据今人统计，与唐发生联系的国家和地区有300多个，包括周边少数民族政权，周边内附少数民族部众，与唐有藩属关系的国家和独立政权，甚至远在“绝域”的国家。这些朝贡使、商人中有许多穆斯林，唐时在华的穆斯林虽然有许多是与汉人杂居的，但基于宗教原因，更多的是同族相聚在一起。每个地方聚居的穆斯林，必然存在管理问题，于是出现了“蕃坊”组织，如广州，蕃客多居于“海滨湾泊之地”，即穆

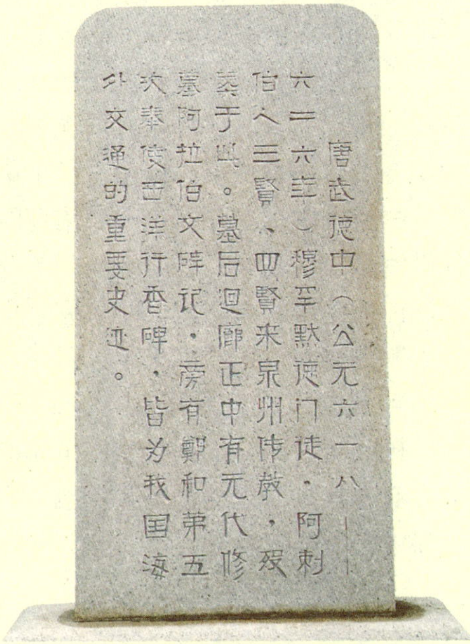

◀ 泉州“圣墓”汉文石碑

◀ 泉州“圣墓”阿拉伯文石碑

斯林聚居之地，当时称为“蕃坊”。唐时在“蕃坊”建成了中国最早的清真寺——怀圣寺，又称光塔寺。

进入两宋后，一方面由于海外贸易的进一步发展，来自世界各地的蕃商、蕃客比唐代有增无减；另一方面，原先居住在中国的蕃客后代频现史书，以至出现了诸如“土生蕃客”和“五世蕃客”的特殊称谓。除了广州城南唐时就形成的蕃客聚居区外，其他沿海城市如泉州、杭州、扬州等地也有许多蕃客聚居区，如泉州城南就是蕃客聚居区，时人有“惟有桐城南郭外，朝为原宪暮陶朱”的诗句。桐城即泉州，因该城多刺桐得名，陶朱即春秋末经商致富的范蠡，泛指富商，证明泉州城南是蕃商聚居的商业区。杭州清波门外的聚景园，宋时即为“回回人”墓地，足见该城亦有蕃客聚居之地。扬州等地也有许多蕃客居住，但宋代官方史料中，明确记有蕃坊者，仅广州、泉州两地。

族称考证

回族的“回”字，是沿用伊斯兰教在中国的旧称“回回教”中的“回”。“回”字“大口里有小口”，取该字义，在告诫人们要言行一致，而且这与伊斯兰教的信仰——“口舌承认，心里诚信”是相符合的。所以从文字的演化上讲，回族的“回”在意义上范围缩小了。

隋唐时期的胡人、胡商、蕃客，有侨居的，也有定居的，其定居者的住处叫“蕃坊”，这就是回族习惯把聚居地称为“回坊”的来由。侨居的胡人、蕃客来往于丝绸之路和香料之路，从事商业活动，具有季节性，会选择寒冷季节到来前赶回去，气候转暖时再回来，故有说法认为，这是被汉语人群称作“回”或“回回”的原因。国内史学界也有人认为“回回”是“回纥”“回鹘”的异写或音转。唐代的在华胡人中，还有波斯和中亚小国的一些王族和平民，他们是为躲避阿拉伯人的侵略逃亡而来。元代之前，“回纥”“回鹘”和“回回”，这3个词在汉语文献中没有明确的界限，在不同的汉文史籍中通常是交替混用，所指囊括了西域、漠北胡人直至中亚和波斯一带人群，用“回回”一词称呼来自回鹘地带还往西的人则显得更多一些。宋元时期，分布在中东部的“回回”（粟特、犹太、波斯等胡商成分较多）以及部分回纥、回鹘被称为“回回人”；而分布在漠北一带的部分回鹘、回纥或“回回”，则联合当地一些民族西迁后形成“畏吾儿”，还有的发展成为塔吉克、乌孜别克等西域民族。之后，“胡人”“回鹘”“回纥”这类称谓，在史书记载中基本消失。“回回”一词明朗起来，在官方的诏谕和汉文记载中明确为“回回”字样。

元代“回回”在官方或汉语史籍中既包括已经定居在中国境内的“回回人”，也包括“畏吾儿”更西的人群，也就是“葱岭以西、黑海以东”——今阿富汗、乌兹别克斯坦、塔吉克斯坦、伊朗、吉尔吉斯斯坦、土库曼斯坦、阿塞拜疆以及哈萨克斯坦、伊拉克、土耳其和高加索部分地区。

明代，“回回”和“色目人”在汉文记载中并用，如《大明律》的纂注中，通常有“色目即回回”的释文。但也有使用“回辉”的现象，如呼和浩特清真寺内存有“洪武皇帝御制回辉教百字”碑。“杭郡重修礼拜寺记”也有“回辉氏”一语。1613年北京牛街礼拜寺“敕赐礼拜寺记”碑中，回族自称为“回回”，这是目前为止“回回”自称的最早证据。

“回族”一词作为民族称谓，目前有据可查的是出现在清乾隆时代。乾隆时期的《重修肃州新志》卷三十“西陲纪略”叙述哈密人口向肃州地方的迁徙时写道：“哈密夷人于故明时徙居肃州卫东关乡居住者三族。曰维吾儿族，其人与汉俗微同；曰哈喇布族，其人与夷同；曰白面回回，则回族也。”近代以来，“回族”成为民族称谓变得逐渐普遍起来。

第二章
族群汇聚：新生的融合民族

蒙元西征，引发了民族之间的迁徙。共同的信仰，促进了回族群体的形成。明朝建国，回族居功甚伟。

元代是中国回族初步形成阶段，大批中亚、西亚穆斯林工匠、学者、平民、军士等被蒙古军队征发进入中国，成为元朝帝国统一中国的有生力量，逐步定居中国，成为回族形成的一大关键——相应数量的穆斯林信众群体，有助于信仰的延续。元朝对待“回回人”群体给予了二等国民的较高待遇，“回回人”在政治上拥有上层地位，经济上成为流动在中原各地的富有商贾，故有“元时回回遍天下”的说法，在伊斯兰教共同信仰的纽带作用下，初步形成为一个新的民族实体。

蒙元西征

蒙古族在中国历史上占有重要的地位，元朝及其之前的蒙古帝国曾统治了中国及亚洲、欧洲部分地区，对世界影响深远。回族的形成也同蒙古西征有着紧密关联。

成吉思汗

八九世纪之交，原来游牧于贝加尔湖东南和黑龙江上游额尔古纳河一带的室韦诸部，开始向西迁徙，占据了蒙古高原的广大地区。10—12世纪，蒙古诸部相互拼杀，社会战乱不断。

成吉思汗，本名铁木真，孛儿只斤氏，乞颜氏族后裔。经过多年征战，于1206年统一蒙古各部，在斡难河（今鄂嫩河）源头召开库里台大会，即蒙古大汗位，号“成吉思汗”（1162—1227），国号“大蒙古国”，在蒙古语中，“成吉思”寓意为“大海”之意，颂扬他和海洋一样伟大。

大蒙古国建立后，成吉思汗多次率军攻打金朝和西夏。1218年，蒙古消灭了地处西域的西辽政权后，边界与中亚地区的花剌子模国接壤。其后发生了著名的商团事件，引发了蒙古先后3次、前后历时40多年的西征。

花剌子模王国都城在今土库曼斯坦。1200年，摩诃末继位

知识链接 **成吉思汗的回族朋友** 据《蒙古秘史》记载，1203年，成吉思汗同克烈部王罕决裂，成吉思汗败退到班朱尼河后，这时一位名叫哈散的回回商人（《秘史》中作阿三）骑着白骆驼，赶着逾千的羊群，在班朱尼河驻饮。他被成吉思汗的领袖魅力所吸引，将自己的牲畜全部捐献给了成吉思汗，并与其他18位壮士，包括另一位名为札八儿火者的回回人加入了成吉思汗的队伍，这就是同饮班朱尼河水的典故。可以说，成吉思汗患难之交中就有“回回人”的身影。

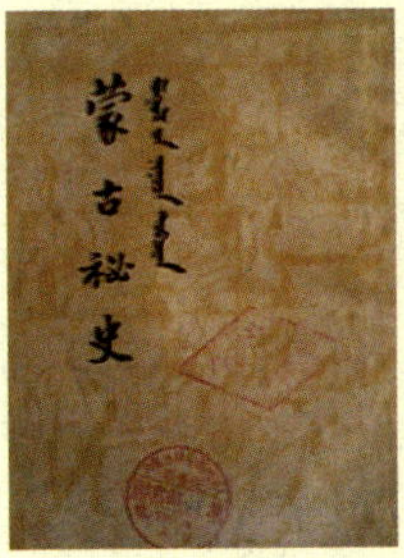

《蒙古秘史》书影

后，逐渐强盛，夺取西辽西部地区；又通过多次远征，吞并了波斯（今伊朗）、阿富汗等周围各国，达到全盛时期。建新都于撒马耳干（今乌兹别克斯坦之撒马尔罕），企图远征蒙古，派使节到中都（今北京）探听蒙古国虚实和路线。1215年，成吉思汗派使节到花剌子模王国，缔结通商贸易协定，派出使臣与商队450人，500头骆驼，携带大批金银珠宝与商品前往通商。至讹答剌（今哈萨克斯坦奇姆肯特西北），总督亦难出见财起意，诬指商队为间谍，上报国王屠杀商队，侵吞商品与骆驼。成吉思汗致书摩诃末，责其背信弃义，要求交出凶手。摩诃末拒绝要求并杀害正使，剃光两位副使胡须，押送出境。成吉思汗于是亲自征讨花剌子模。

1219—1225年，成吉思汗拉开了蒙古西征的第一幕，消灭了中亚的花剌子模国，对其杀害蒙古使者和商队的行为进行了惩罚。同时，还征服了中亚、西亚的广大地区。此次西征远抵里海与黑海以北、伊拉克、伊朗、印度等地，为日后第二次及第三次西征埋下了伏笔。

1235—1242年，成吉思汗孙子拔都再次率领蒙古军进行西征，远至钦察、俄罗斯、匈牙利、波兰等国家和地区，建立了钦察汗国，又名金帐汗国。

1252—1260年，成吉思汗孙子旭烈兀进行第三次西征，远至叙利亚、埃及、伊拉克等国家或地区，并在波斯地区建立了伊利汗国。

3次西征，成吉思汗及其子孙被人称为“世界征服者”。西征一方面沟通了东西方的经济和文化联系，把中国的发明，如火药、造纸术、印刷术、罗盘等传到西亚及欧洲等国；同时亦将西方的天文、医学、历算等传入中国。另一方面，引发了不同地区的民族大迁徙，为回族的形成创造了外部条件。

东迁中土

蒙古国建立之前，就有一批“回回”商人进入蒙古高原，用中亚纺织品、粮食换取蒙古人手中的貂皮等珍贵土产，有的“回回人”还效力于蒙古各部，成为拥有“答剌罕”称号的开国功臣。阿拉伯帝国在7世纪建立后，向东扩张，将中亚和西亚的广大地区伊斯兰化。13世纪的蒙古西征，先后征服了中亚和西亚的广大地区，包括葱岭以西，黑海以东和以南，每攻克一城、一地都要俘掠工匠和妇孺为奴，并签发征调青壮年充军，如攻陷花剌子模新都撒马尔罕时，被俘工匠就达3万人，还签发3万壮丁从军，充作前锋。占领“玉龙杰赤”后，被迁徙的将士多达10万。随着每次战争的胜利，一批批中亚、西亚各地、各部落和各王国的工匠、平民、军士以及一些降将、贵族和学者等，都被迫签发或安置到中国从事各种工作，这些被迫东迁前往中国的人数多达数十万人。

知识链接 **答剌罕** 突厥、蒙古两族长期沿用的官号。唐代突厥称“达干”，是“专统兵马事”的武职官号，到高昌回鹘时代，这个官号成为世袭的空衔。蒙古国时期，成吉思汗给予本人或他的儿子有救命之恩的人，授以“答剌罕”之号，“答剌罕”一词有“得自由”“自在”之意。元朝“答剌罕”享受特权，犯有9类罪行可以免于处罚；平时可以免除赋税；无须获得许诺，随时可入宫禁；自由选择牧地等。

一批又一批被征调的穆斯林（元朝史书称“回回”），被编入“西域亲军”“回回军”“探马赤军”，参加统一中国的战争。他们战时从征，平时就地屯垦牧养，过着亦军亦民的生活，“探马赤军”分驻各地，以陕西、甘肃、宁夏居多，有的则迁征西南、江南、中原各地。战事结束以后，有的充当职业军人，有的从事手工业、农业和商业活动，也有少数人进入朝廷做官。

知识链接 **探马赤军** 蒙元军队的特殊称谓。蒙元时期从各千户、百户和部落中拣选士兵，组成精锐部队，在野战和攻打城堡时充当先锋，战事结束后驻扎镇戍于被征服地区，称为“探马赤军”。“探马赤军”最初是由蒙古各部拣选的士兵组成，后来也可由色目人组成。

除了蒙古人西征过程中东来的穆斯林外，元时从海路来华的阿拉伯、波斯等地的穆斯林较唐宋时期更多，主要居住在东南沿海的广州、泉州、宁波、杭州、扬州等城市。他们之中有商人、宗教学者、旅行家等，当时这些沿海城市已成为伊斯兰世界销往中国的各类商品的集散地。

蒙古帝国建立后，统治者为巩固政权，维护统治，建立驿站制度，保护商路，鼓励商业，一时中西交通畅开，商旅往来不断。陆上丝绸之路和海上香料之路都畅通无阻，促进了东西方之间，特别是中国与中亚、西亚之间的经济文化交流。大批穆斯林商人和一些宗教学者、旅行家来华从事贸易和学术活动，他们不仅居住在大城市和沿海港口，而且已遍布于中华大地。

来华的穆斯林有的携家带口，举家东迁，落地生根。但更多的人在各地定居后，与当地汉族、蒙古族、维吾尔族等居民通婚，他们的后代成为中国出身的穆斯林，渐渐地失去了母语。他们之间的交流一靠共同的信仰——伊斯兰教；二靠共同的交际语言——汉语。从母语到汉语的过渡，可能经历了几代人，中间出现过半母语、半汉语的双语阶段。大约到元末明初，基本完成了这种语言上的过渡。

元代穆斯林居住地普遍兴建有清真寺，有的清真寺规模宏大，而有的清真寺则较简陋。总之，据说那时全国的清真寺有万余座。著名的杭州凤凰寺、昆明南城清真寺等都始建于或重建于元代。

知识链接 **凤凰寺** 杭州凤凰寺又名“真教寺”，位于浙江省杭州市中山中路，是中国沿海地区伊斯兰教四大古寺之一。该寺创建于唐朝（618—907），宋朝时被毁，元、明、清时多次重新修建。凤凰寺因寺院建筑结构似凤凰展翅，故名。寺内大殿是最古老的建筑，正殿没有梁架，殿顶上起攒尖顶三座是宋代的遗物，中间一座上刻《古兰经》，相传是1451年重修时设置的。寺内还保存有阿老丁墓碑等阿拉伯文碑刻。远在五代，杭州与阿拉伯国家就有友好往来。如今，这里是杭州伊斯兰教的礼拜中心。1961年被列为浙江省重点文物保护单位。

凤凰寺

南城清真寺 ▶

知识链接 **南城清真寺** 坐落在云南省昆明市大南门正义路近日公园迤北。据传系元世祖时（1274—1279），由云南行省平章政事赛典赤·赡思丁主持兴建。清康熙初毁于战火，后由当地穆斯林集资重建。该寺面积为5 000平方米，整体建筑似一展翅欲翔的凤凰。大门内天井中央有经籍亭1座，正对亭子是5间礼拜大殿，两侧各有厢房5间。礼拜殿阔5楹，深3进，横列4大明柱，殿中央正门上悬“朝真殿”木匾。前殿做卷棚式顶，两侧粉墙绘麦加建筑图。殿两侧厢房系两层楼房，走廊前设木雕凭栏。殿前经籍亭，系单层歇山顶，四角出翘，周设围廊，木檐枋遍刻镂孔图案，小巧玲珑。该寺被列为昆明市盘龙区重点文物保护单位，昆明市伊斯兰教协会设于此。

二等身份

元朝时，官方确定四等人，其中排在第二位的是色目人，色目人在当时是指唐兀人、畏兀儿人及其以西诸族出身的人们，其中还有“回回人”。

在元代，“回回人”是泛指信仰伊斯兰教的中亚突厥的各族人及西亚的阿拉伯人、波斯人，由于“回回”这一概念比较模糊，所以甚至还包括了一些来华的基督教徒、犹太教徒和吉卜赛人。

由于“回回人”与其他色目人最先归附蒙古，在蒙古统一中国的战争中，蒙古进攻南宋的战争历时最久，许多“回回”将领建立功勋。忽必烈即位后，大批“回回”政治家、理财家被重用。政治上的特权和经济上的优待十分明显，“回回”上层人物已成为蒙元统治阶级中重要的组成部分，在仕官、科举、刑罚和私有兵马等方面，可以享受更高的待遇。

元制规定，蒙古人为“达鲁花赤”，色目人为“同知”，汉人、“南人”为总管，而“回回人”出任“达鲁花赤”者比比皆是，可见“回回”上层人物是蒙古贵族统治全国的重要支柱。据文献记载，“回回人”担任各种职位的官吏不少，其中任职中书省左、右丞相，平章政事及参知政事等重要职务者多达320人；在10个行中书省任丞相、平章、参政等重要职务者多达65人，至于在中央各部门和地方路、府、州、县各级机构中任达鲁花赤等官吏者更多，出现了一批著名的“回回”政治家。

元代“达鲁花赤”牌

知识链接 **达鲁花赤** “达鲁花赤”最初为成吉思汗所设，曾广泛通行于蒙古帝国和元朝。“达鲁花赤”原意为“掌印者”，后来成为“长官”或“首长”的通称。在元朝的各级地方政府里面，均设有“达鲁花赤”一职，掌握地方行政和军事实权，是地方各级的最高长官。在元朝中央政府里面，也有某些部门设置“达鲁花赤”官职。“达鲁花赤”一般必须由蒙古人或色目人担任，也有其他民族的人担任“达鲁花赤”的记载。

在经济活动中，“回回人”除协助元廷理财外，“回回”商人还多从事珠宝、贩运、外贸等业，或者替蒙古贵族放债取息、替官府承包赋税，称“斡脱钱”或“羊羔儿息”。元代有许多“回回”巨商，经营香料、珠宝、金银器皿和药材，一些“回回”商人还擅长海上贸易，其足迹达亚非十数个国家和地区，包括菲律宾、印度支那半岛、印度尼西亚等南亚地区及波斯湾沿岸，阿拉伯半岛和非洲北部的东岸沿海地区。这些“回回”世商交纳的税款在元世祖时期的财政收入中占重要地位，为“军国之所资”。另外，伊斯兰教的掌教按元朝的法令，与僧、道、也里可温（基督教的长老）等神职人员一样，都享有免役免税的待遇。

元代伊斯兰教永春达鲁花赤墓碑石

尽管元代“回回人”的社会地位很高，但对大多数普通“回回人”而言，却处于无权无势的地位，甚至沦为“驱口”（奴婢），供人买卖，可见“回回人”的阶级分化在元中后期已日益明显。一方面，“回回”上层人物，特别是各级官员，对元廷始终忠贞不贰，他们对抗农民起义军和明朝，在战乱中“死节”者人数颇多；另一方面，却有大量的“回回人”为推翻元朝而拼杀，为明朝的建立立下功勋。

在元代，“回回人”通过官职调迁，军队驻防、屯田、官营手工业局场、商业活动、宗教活动等因素，散居于全国各地，与广大汉人杂居同处，他们把带来的科技知识、宗教民俗等穆斯林文化传入中国，在保持宗教信仰和风俗习惯的基础上，吸收各地的汉文化并加以发展，因而大大丰富并发展了中华文明的内容。

知识链接 **元朝四等人** 元初，依据不同民族将民众的社会地位划分为四等：蒙古人社会政治地位最优越；色目人（西夏、“回回”）次之；汉人（原金朝统治地区的金人和汉人）再次之；南人（原南宋统治的民众）最低。元朝制度基本上沿袭金、宋的旧制，但同时也保存了蒙古的某些旧制，加以变革，在政治、军事、法律、科举、学校等各方面都贯串着民族等级制的民族压迫的原则。

助明反元

明代是建立在元朝基础上的一个朝代，起因是元末朝政腐败、民不聊生，最终导致了农民大起义。元末农民起义是指元顺帝时（1351—1367），中国元朝农民进行的反抗并推翻元封建王朝的武装斗争。

朱元璋

朱元璋在元末参加农民起义军后，开始独树一帜。趁元军疲于对付北方红巾军，无暇南顾之机，采取一系列有效措施，先后消灭南方的割据势力，开始北伐，最终灭亡元朝。在朱元璋建立明朝的过程中，回族起到了重要的作用，民间有“十回保一朱”的说法，特指朱元璋手下的主要将领有10个回族人。其中最著名的有丁德兴、冯国用、冯胜、胡大海、胡德济、常遇春、沐英、蓝玉等。

在推翻元朝及其残余势力中，这些回族将领都建立了非凡的功勋。例如：常遇春随同大将军徐达于1368年首路出发，攻占元大都后就挥军西指，攻占山西、陕西，然后与元将王保保决战兰州，大败元军，此战为明朝灭元过程中最大的一次战役。其后，常遇春一路攻取元上都开平，元帝继续北逃，留守元军被歼灭，解除了元军对北京的威胁。沐英在统一及镇守云南上，一时成为朱元璋倚重的力量。1377年，大将沐英、傅友德、蓝玉领兵15万进入并平定云南，并通西藏。1382年，大将冯胜、蓝玉出山海关

▲

常遇春墓

知识链接

常遇春　常遇春（1330—1369），字伯仁，号燕衡，怀远（今安徽省蚌埠市怀远县）人，为明朝开国名将。他出身贫苦，25岁投奔朱元璋，出力甚多，为朱元璋统一中国立下了赫赫战功。尝自言能将10万众，横行天下，军中称“常十万”，官至中书平章军国重事，封鄂国公，1369年，病卒军中，追封开平王。

◀ 常遇春

常遇春墓为江苏省文物保护单位，位于南京市太平门外紫金山之阴白马村。常遇春于1369年在柳河州暴病而故，朱元璋赐葬钟山。墓高2.4米，墓基周长约29米。有石柱一，石马、石羊、石虎、武将各二。石兽雕刻工艺精湛，神形兼备。武士双手抚剑，顶盔贯甲，威武雄健。碑上镌刻“明故世祖开平王遇春常公之墓”，系1871年重修时其裔孙所立。

◀ 沐英

沐英　沐英（1345—1392），明朝开国功臣，军事将领，安徽定远人。沐英父母早亡，8岁时被朱元璋收为义子，故幼时即开始随从征战。

1377年，充征西副将军，讨吐蕃，封西平侯。1381年，朱元璋以傅友德为征南将军，蓝玉为左副将军、沐英为右副将军，率30万军征讨云南。云南平定后，沐英留滇镇守，大兴屯田，劝课农桑，对云南的安定做出了贡献。卒于任上，安葬南京，追封黔宁王。后代镇守云南直到明朝灭亡。

攻击纳哈出，纳哈出率20万元军投降。朱元璋设“朵颜三卫”。1387年，大将蓝玉北进沙漠，打击元朝残余。

明代是回族发展、壮大、定型的时代，所以这一时期仍有大量的非回族人士融入回族。一是归附“回回”，包括原籍为阿拉伯、波斯、西域突厥诸种和东南亚“回回”，其中包括少量维吾尔族。明朝时期，对西域政策比较开明，东西方往来十分频繁，“西域回回”内迁不断。整个明代，仅见于记载的内迁“西域回回”就有十五六万人之多，促进“回回”民族的进一步形成。例如，明英宗时，曾先后迁移肃州“归属回回”（实为维吾尔人）702人于浙江，今天河南、湖南等许多地方都有当年的维吾尔人后裔，有的成了回族；二是寄住“回回”，是指侨居的外国穆斯林，他们往往以“贡使”身份进入中国，使团成员多达数百，有的贡事完毕返归本国，有的则侨居或定居中国，比如永乐间苏禄东王病逝山东德州，其子守坟，成为德州北营回民的先祖；三是许多其他民族成员加入“回回人”的行列中。主要有两种形式：婚配、改信伊斯兰教。此外，开封犹太人也因不食猪肉与回族习俗相似，已有一部分开始融入回族。

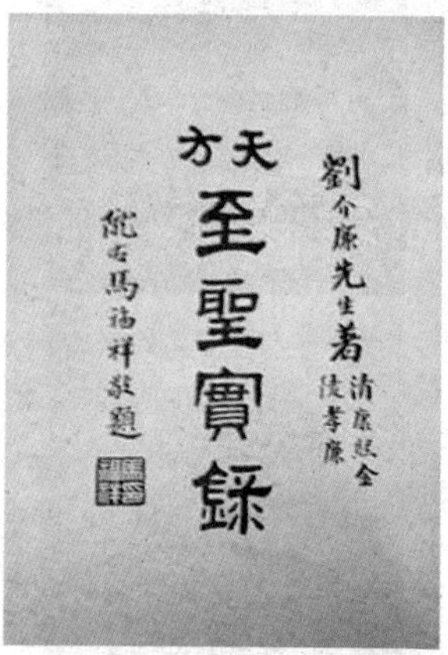

《天方至圣实录》书影

与元代相比，明代回族人已没有了优待身份。明朝对回族的政策是限制使用，比如朱元璋曾禁止蒙古色目人更易姓氏，限制回族人本族通婚，采取强迫同化政策。但是明代也是与回族人关系比较密切的朝代，不仅有回族民间的“十回保一朱”传说，认为明朝江山是“回回”打下来的，而且有朱元璋御制“至圣百字赞”流传下来，明皇室确有修建清真寺和保护清真寺宗教职业人员的谕旨。另外，明武宗还禁止百姓养猪，并在评论诸教时说过：“儒者之学，虽可以开物成务，而不足以穷神知化。佛老之学，似类穷神知化，而不能复命皈真。盖诸教之道，皆各执一偏，惟清真认主之教，深原于正理。此所以垂教万世，与天壤久也。”《天方至圣实录》卷二十二中对伊斯兰教评价颇高。可以说，伊斯兰教和回族人在明代社会，尤其是明皇室中确有较大影响。

知识链接 **《至圣百字赞》** 相传是明朝开国皇帝朱元璋(1328—1398)所撰，原载《天方至圣实录》。明太祖高皇帝敕建礼拜寺于金陵(今南京净觉寺)，御制《至圣百字赞》对穆罕默德进行颂扬，内容为："乾坤初始，天籍注名。传教大圣，降生西域，授受天经，三十部册，普化众生，亿兆君师，万圣领袖，协助天运，保庇国民，五时祈佑，默祝太平，存心真主，嘉志穷民，拯救患难，洞彻幽冥，超拔灵魂，脱离罪孽，仁覆天下，道冠古今，降邪归一，教名清真，穆罕默德，至贵圣人(洪武元年)。"

至于民族的形成，2005年5月，在中央民族工作会议上，对民族概念做出了新的阐释：民族是在一定的历史发展阶段形成的稳定的人们共同体。一般说来，民族在历史渊源、生产方式、语言、文化、风俗习惯以及心理认同等方面具有共同的特征。有的民族在形成和发展过程中，宗教起着重要的作用。从某种意义上讲，伊斯兰教中国化的过程就是回族形成的过程。而明代的伊斯兰教已经基本完成了中国化的进程，使回族在中国本土上孕育成长了起来，回族已不是昔日的阿拉伯人、波斯人、西域人或被迫东迁的"回回人"，也不是归附了"回回"的汉人、蒙古人，而是一个产生于汉文化圈之内的新的民族共同体。

第三章
逆境涅槃：培育顽强的生命力

回族人民抗日卫国，不屈不挠。新中国的成立，回族迎来了当家做主、民族平等的新篇章。

明亡清兴，回族因独特的宗教信仰体系，遭受了清王朝统治者的欺压和民族歧视。为了反抗高压政策，各地回族掀起了多起大起义，著名的云南杜文秀起义、西北回民起义，在中国近代的历史上都书写下了重要的一章。回族民众的爱国、爱教精神，也体现在“中华民国”时期，在抗日战场上，无论是国民党还是共产党中的回族成员，均不屈不挠地在保卫中华领土上，用热血浇灌出爱国主义的鲜艳的花朵。新中国成立，回族终于迎来了翻身解放，进入一个全新的发展时期。

反清斗争

清代，回族的社会政治地位降到了历史上的低谷。特别是清中后期以来，朝廷日益腐败，强制推行民族压迫和宗教歧视政策，回族遭受到深重的民族压迫和无理歧视。清朝地方官吏对回族人民横征暴敛外，还常常挑起回族内部各教派之间、回汉之间相互的争斗，有的地方（云南、陕西）官吏甚至亲自布置和参加屠杀回民的活动，遭到回族人民的强烈反抗。

清前期回族起义

米喇印、丁国栋领导的甘州起义是回民反清运动的开始。1648年，甘州（今张掖）副将米喇印宣布起义，以“反清复明”

米喇印、丁国栋反抗清廷，烧毁镇远楼。1650年重修

相号召。起义后，丁国栋留守甘州，米喇印率军东进，连克凉州（今武威）、古浪、庄浪（今永登），继渡黄河攻克兰州、金县（今榆中）、临洮、渭源。所到之处，回汉百姓纷纷响应，起义人数迅速增至10万，号称百万，震动关陇。清廷紧急派遣陕甘总督孟乔芳率军镇压，双方经过多次交锋，由于众寡悬殊，1649年年末，清军攻陷肃州城，丁国栋被俘牺牲，起义失败。此次起义声援了各地人民的抗清斗争，沉重地打击了清廷在甘肃的统治，迫使清廷不得不采取一些改良措施，招抚流民，鼓励垦荒，废除苛政。

清代中期还有一些回民起义，如1781年，苏四十三领导了循化回民起义；1784年，田五领导了石峰堡回民起义。这两次起义都是西北回民反清起义的继续。

清后期回族起义

清朝影响巨大的回民起义，主要集中在清朝后期。有云南杜文秀起义和西北回民起义。云南杜文秀起义还建立了大理政权，影响深远。

杜文秀“总统兵马大元帅府”内大炮

云南杜文秀起义　云南是回族较集中的地区，由于地方官吏、土豪劣绅不断制造欺辱回民事件，引发回汉民族仇杀。云南杜文秀起义的导火线是“保山惨案”，这次惨案导致大批回民被屠杀，由于清官府处理不公，令当地回族极为不满，经过多年准备，回族人民在杜文秀的领导下，1856年发动起义。

杜文秀“总统兵马大元帅府”

杜文秀墓

起义军占领了大理城，杜文秀被推举为“总统兵马大元帅”。他下令废除清朝年号，用甲子纪年，改用明朝衣冠，旗帜一律用白色。他还把大理都督府改为“大元帅府”，大理新政权宣告成立。大理新政权遥奉太平天国为号召，迅速出击，占据了半个云南。大理政权遵循民族平等政策，政权中职官由各族人员组成，尊重宗教信仰，主张佛教、伊斯兰教与彝族教和平相处，大理政权得到了当地各族民众的拥护。

太平天国起义失败后，清朝得以全力对付大理政权。1872年，清军进攻大理，面对危难形势，杜文秀服毒后前往清营交涉，以求保全起义群众。然而清军夺取大理之后，仍对起义军进行了大屠杀。许多回族民众的财产充公，土地抄没，几无立锥之地。一些回族余部纷纷逃出省外，有的逃到傣族、彝族、白族地区定居，从而形成了今天的傣回、彝回、白回；有的回族还逃到境外，其后裔至今还生活在东南亚各地。

知识链接 **保山惨案** 1845年，保山县板桥村回汉两个少年因口角引发厮打，这一纠纷被当地帮会势力利用，挑起回汉两族大规模的械斗。当地官府同帮会势力勾结，对当地回民进行屠杀，4 000多回民几乎被屠杀殆尽。杜文秀家人在这次惨案中几乎全部遇难，他赴京告状，道光皇帝命云贵总督林则徐前往查办。林则徐对制造惨案的官员做了革职、永不任用的处理，并对直接参与屠杀的主要凶手28人逮捕治罪。这种处理并不为“保山惨案”中受害最深的回族同胞所接受。

西北回民起义 清廷在西北一直执行高压的民族政策，挑动相邻民族之间的矛盾，“分而治之”，以利于维护封建统治。

1862年，西北回民起义首先在渭南、大荔等地爆发，反清烈火迅速波及周边几省，回、汉、撒拉、东乡、保安、维吾尔、哈萨克等西北各族人民纷纷投入到斗争中，清朝在西北的统治几乎瘫痪。在起义过程中，形成了河州、肃州、金积堡、西宁四大回民起义根据地，涌现出了陕西白彦虎、甘肃马化龙、马占鳌、马桂源、马文禄等一大批回民起义领袖。

清朝在镇压起义的过程中，几次撤换钦差大臣。1867年，清朝派出左宗棠率领的湘军，集中优势兵力，最终镇压了这次起义。在这次起义中，陕甘回民起义从华州起义到肃州被占，历时12年。

盘踞西北

1911年的辛亥革命，是孙中山先生领导的旧民主主义革命，在彻底埋葬清朝封建统治的过程中，西北地区经过动荡之后，陆续形成军阀统治状态。

参加辛亥革命和护国战争的部分回族志士

李元庆	河南开封人	河南秘密会社仁义会重要成员
宋耀民	广西人	同盟会会员，黄花岗七十二烈士之一
罗汉彩	云南永平人	同盟会会员，参加云南护国战争
马骥云	河南固始人	新军士兵，同盟会、共进会会员
沙金海	江苏铜仙人	新军士兵，共进会会员、革命党负责人
邹森清	湖北汉川人	共进会会员、革命党马队负责人
马祖全	湖北武昌人	武昌首义炮兵总指挥
马刚侯	湖北沔阳人	同盟会会员，清真自治公益会会长
马玉贵	湖北谷城人	陕西会党巨子、革命军政府大都督
马四虎	宁夏府平罗人	哥老会会员，宁夏会党头目
马凌霄	河南新野人	伊犁新军管带、伊犁革命后曾任骑兵团长
马万荣	新疆迪化人	哥老会迪化忠义堂首领
底其峰	上海人	同盟会会员，追随孙中山在总统府任职
丹鹏彦	河南开封人	开封仁义会首领，义军敢死队队长

续表

王汝川	北京通州人	同盟会会员，策划滦州兵变与通州起义
尹神武	奉天营口人	中华革命党总部实行部负责人
孙永安	云南昆明人	士官出身，同盟会会员、出任军政司长
马　聪	云南昆明人	士官出自，反袁护国军高级将领
赵钟奇	云南凤仪人	同盟会会员、护国军督署参谋长
马秀廷	云南师宗人	护国军统领，大败反扑护国军的两广军阀
马毓宝	云南昆明人	护国军第二军副营长，1917年代表中国参加协约国对德作战，在法国阵亡，获法国国家荣誉十字勋章

诸马军阀集团的主要人物为肇始于西北回民起义中马占鳌降清后一脉相传下来的马步芳、马鸿逵、马鸿宾等人。西北回民起义后，河州回族地方势力先后兴起，曾经控制过宁夏、青海、绥远（今内蒙古呼和浩特等地）等省区及甘肃、新疆的一部分地方，影响整个西北政治局面。

1949年，在中国人民解放军挺进大西北的号角声中，除马鸿宾起义投向人民阵营外，其余人士都追随国民党政府逃向台湾，之后辗转他国，终老他乡。马家军的主要人物均是回族，信奉伊斯兰教。

走向新生

新民主主义革命时期，中国共产党就制定了“民族自决和区域自治”的民族政策和“尊重和保护”的宗教政策。

1936年10月20日，在中国共产党的指导和帮助下，豫海县回民自治政府在宁夏同心县成立，为中国历史上第一个县级回族自治政权，这也是民族区域自治政策的有效尝试。

新中国成立后，回族人口不断增长，2010年全国第六次人口普查数据显示，回族人口达到10 586 087人。按照民族区域自治政策，从1953年开始，截至1986年，全国共建有1个回族自治区，2个回族自治州，11个回族及联合自治县。此外，还建有数百个民族乡以及数以千计散居于城乡的回族村、街巷。

回族自治地方一览表

回族自治地区	宁夏回族自治区	1958年10月25日
回族自治州	新疆昌吉回族自治州	1954年7月19日
	甘肃临夏回族自治州	1956年11月20日
回族自治县	河北大厂回族自治县	1955年12月7日
	河北孟村回族自治县	1955年11月30日
	甘肃张家川回族自治县	1953年7月6日
	贵州威宁彝族回族苗族自治县	1954年11月11日
	云南寻甸回族彝族自治县	1979年12月20日
	云南巍山彝族回族自治县	1956年11月9日
	青海大通回族土族自治县	1986年7月10日
	青海民和回族土族自治县	1986年6月27日
	青海化隆回族自治县	1954年3月1日
	青海门源回族自治县	1953年12月19日
	新疆焉耆回族自治县	1954年3月4日
地级市回族区	郑州市管城回族区	1953年1月24日
	开封市顺河回族区	1953年5月18日
	洛阳市瀍河回族区	1957年11月15日
	呼和浩特市回民区	1950年12月19日

改革开放以来，国家以经济建设为中心，对民族地区的发展采取大力扶持措施，回族群众也搭乘改革的东风，利用自身经商的传统，在全国各地创造了一个个奇迹，在教育科研、艺术体育等不同领域，也涌现出来一批批业界精英。

天方正教
斯林欢庆开
بعيد الفطر المبارك

第四章
形塑族性：锻造宽容的亲和力

回族有着独具特色的风俗习惯，如饮食、服饰、生活习俗等方面，体现着与众不同的魅力。

回族的居住地遍及天南海北，生活习俗必然深受各地的影响，基于伊斯兰教的宗教信仰形成的传统习俗，成为回族彼此之间共同之处。在饮食习惯、服饰装饰、诞生命名、成年仪式、婚姻和丧葬、节日等习俗上，都能显示出独特的魅力。

服饰特点

回族男子服饰

回族服饰的主要标志在头部，因伊斯兰教尚白色，因此回族视白色为最洁净、最喜悦的颜色。在衣、冠颜色上以白、绿、黑色为主。

回回帽

回回帽 回族男子戴的无檐小白帽，也叫“礼拜帽”“顶帽”“号帽”。

回族在礼拜磕头时，前额和鼻尖必须着地，戴无檐帽行动更为方便，后发展成为一种服饰习俗。圆帽分两种：一种是平顶的；一种是六棱形的。有白、灰、蓝、绿、黑五色，分春、夏、秋、冬不同的季节来戴。一般春、夏、秋季戴白色帽最多，冬季戴灰色或黑色。结婚的新郎多戴红色帽子，以示喜庆。白色的一般用“的确良”、涤卡、棉等材料制作，也有用白棉线钩制的。黑色用的多为平绒、棉粘毛毡、华达呢等材料，用毛线钩织也可。此外，用牛羊皮革制作的帽子也很受欢迎。讲究的人，还在圆帽处刺精美的图案。也有很多带民族风格花边、图案或文字的，如星月图案等。

北方的回族到了冬天，要在里面戴一顶小白帽，故意把小白帽戴斜，然后戴上棉帽子，露出小白帽的边子。

回族女性传统服饰

缠头 也称“戴斯达尔”，为波斯语音译，意为“清真寺的阿訇或教长头上缠的布”。相传穆罕默德在早期传播伊斯兰时，头缠“戴斯达尔”礼拜。故这一服饰也为回族所沿袭，所以有“缠头回回”的称呼。“戴斯达尔”一般为白、黄色毛巾或布料，长度多为9尺或12尺。缠头时有许多讲究，前面只能缠到前额发际处，不能把前额缠到里面，这样不利于叩头礼拜，缠巾的一端要留出一肘长吊在背心后，另一端缠完后压至后脑勺儿缠巾层里。过去回族头缠“戴斯达尔”的较多，现在多数回族群众习惯戴白帽，清真寺里的阿訇、满拉和常去寺里的乡老们缠头的较多。

回族男性传统服饰

皮袜子

皮袜子 北方回族老人冬天穿的一种皮制袜子。一般用近似皮夹克软、薄的牛皮制成，洁净光亮，结实耐用。过去皮袜子都是自己缝制，现在甘肃临夏等地有专门加工皮袜子的工厂，满足了回族群众的需求。

袍子 又称长大衣，回族满拉、阿訇和回族老人喜爱的服装。一般选用黑、白、灰等颜色的棉布、化纤料或毛料制作，有单、夹、棉、皮4种。其款式近似现代的长大衣，但领子一般都是制服领口。

坎肩 回族男子服饰的一个重要组成部分，表现了回族简朴、大方的民族特点。回民根据不同的季节，穿不同的坎肩，有夹的、棉的，还有皮的。既可当外套，又可穿在里面。坎肩在襟边、袋口处用针扎出明线，使衣服各边沿平挺工整，突出服装造型的线条

袍子

坎肩

美，同时用相同的衣料做小包扣，显得雅致。皮坎肩选料讲究，要用胎皮和短毛羊皮，缝成后轻、柔、平、展。冬天穿上这种皮坎肩，再穿上一件外套，既轻便保温，又不臃肿。

传统回族男子的鞋，一般都是自制的方口或圆口布鞋，也有用麻和线自制的凉鞋。随着社会的发展，大多数回民现在都到商店购置各种布鞋和牛皮鞋、凉鞋等，但忌穿猪皮鞋。农村男子的袜跟、鞋垫一般都是绣花的，回族老人还有扎绑裤腿的习惯。

回族男子喜欢随身佩带一把小刀，俗称腰刀。回民挂腰刀，一是为了装饰，二是为了随时宰牲、救牲。

回族女子服饰

盖头 又称搭盖头，回族女性头戴的白圆撮口帽。盖头，旨在盖住头发、耳朵、脖颈。戴盖头的习俗：一是受阿拉伯半岛的传统影响——在阿拉伯半岛风沙很大，水源较少，人们平时难以及时沐浴净身。为了防风沙、讲卫生，妇女们自己缝制了能遮面护发的头巾。后来许多阿拉伯、波斯商人把这种习俗带到中国。二是受伊斯兰教的影响。伊斯兰教认为妇女除双手、双足及面部外，其余身体部位均为羞体，不能显露给丈夫和至亲以外的男子。

戴盖头的回族女性

回族女性在戴盖头前，有的将头发盘在头顶，有的留“把把头”，将头发盘在脑勺儿后，戴上帽子，而后再戴盖头。无论在泉州、广州、海南等沿海地区，还是在内地，一般都是绿、青、白3种颜色，有少女、媳妇、老人之分。一般少女戴绿色的，已婚妇女戴黑色的，有了孙子的或上了年纪的老年妇女戴白色的。绿盖头清俊娇丽；白盖头干净持重；黑色盖头素雅端正。大都选用丝、绸、乔其纱、“的确良”等高中档细料制作。样式上，老年人的盖头较长，要披到背心处；少女和媳妇的盖头比较短，前面遮住前颈即可。回族妇女还喜欢在盖头上嵌金边，绣风格素雅的花草图案，看上去清新、秀丽、明快、悦目。随着时代的发展，青年女性的盖头也有了一些样式、色彩上的变化，更加活泼和大方。

不少已婚妇女平时也戴白色或黑色的带檐圆帽。圆帽分两种：一种是用白漂布制成的；一种是用白线或黑色丝线织成的，往往还织成秀美的几何图案。

女性服装

传统服装 回族妇女的传统衣服一般都是大襟为主，装饰内容十分丰富。少女和媳妇很喜欢在衣服上嵌线、镶色、绲边等，有的还在衣服的前胸、前襟处绣花，色彩鲜艳，形象逼真，起到画龙点睛的作用。回族女装都是右边扣扣子，纽子是自己用料子制作的。

回族妇女衣服一般不喜欢妖艳，老年人多着黑、蓝、灰等几种颜色；中、青年喜欢穿鲜亮的，如绿、蓝、红等颜色。

回族妇女老少一般都备有节日服装；经常礼拜的人，还专门有一套礼拜服。

传统回族女子的鞋在鞋头上有绣花，袜子主要讲究遛跟和袜底，多制成各种几何图案，也有绣花的。

女性礼服

首饰及配饰 大部分回族女子从小就要扎耳孔，七八岁时要戴耳环；还喜欢戴戒指、手镯，有的还点额、染指甲等等。已婚妇女还要经常开脸，显得清秀、干净。

回民戴戒指的讲究：戴无名指上表示已婚，戴中指上表示没有对象，戴小拇指上表示已有对象还未结婚。除此以外，回族妇女还喜欢戴手镯与耳环。

传说很早以前，有位回族媳妇养活着一个老婆婆，因为家里很穷，连饭都吃不饱，她就到一个商人家去打短工，给人做饭。每次和完面都舍不得洗手，偷偷回来洗掉给婆婆做面糊糊吃，这样可以勉强果腹。突然有一天天空中电闪雷鸣，媳妇不禁忏悔不应该偷吃人家的东西，于是把手伸出去，想让雷劈掉算了。巨雷响过后，双手不但丝毫未损，而且两个手上都戴上了金手镯。

从此，回族媳妇戴手镯也成了孝顺老人的象征。现在有的回族女性没金手镯的，也可以用银手镯、玉手镯等代替。

回族妇女喜欢戴耳环，除了装饰以外，据说还能使人心明眼亮。回民当中有句顺口溜说："姑娘眼睛亮，耳环子挂两旁。"眼部穴位在耳垂中央，戴耳环可以刺激耳部眼睛的穴位。

回族女性还喜欢用凤仙花染指甲。这个习俗相传是由阿拉伯、波斯等地传来的。汉武帝时，张骞听说西方有一个条支国(阿拉伯)，后来甘英奉使西域，中国与阿拉伯之间才有了交通，从此以后，互相往来，凤仙花也从西域传到中国。

知识链接 《癸辛杂识》记载："凤仙花红者，用叶捣碎，入明矾少许在内，先洗净指甲，然后以此付甲上，用片帛缠定过夜。初染色淡，连染三五次，其色若胭脂，洗涤不去，可经旬，直至退甲，方渐去之。"

回族服饰作用

回族的服饰具有多重作用：一是保护身体。这是人类生产、生活和生存的客观的必然需要。根据不同的季节选择不同的服饰，夏天穿单衣，冬天北方回族人多穿棉衣和皮衣、皮鞋等，东北和西北地区的回族人为了防寒还戴棉帽、皮帽或耳套等。回族

回族女性传统服饰

妇女为了防风沙还戴盖头、搭围巾等等。二是装饰作用。爱美之心人皆有之，回族人也不例外，这是人类美化自身的内在要求。如男子穿衬衫、套青坎肩，女子点额、染指甲，在衣服上绣花，都有装饰的因素。三是具有信仰的因素。回族人去清真寺或过民族节日，需要穿着民族服饰。这些因素共同构成了回族服饰的民俗特点。

回族服饰现状

随着社会环境的发展，城乡回族的服饰有了很大变化。特别是居住在城市里的中青年男女，穿戴打扮丰富多样。回族男子的衣服由单一的白汗衫、青坎肩、便装、中山装向西装、夹克衫等款式新颖的方向发展，回族女子也喜欢选购时令服装，已很难从服饰上辨清他们的族属了。

男性礼服

饮食习俗

日常饮食

回族因居住地的不同，饮食习惯必然“入乡随俗”。西北地区的回族，早餐大多都是在家烹制牛羊肉泡馍，或烙饦饦馍配炒咸菜，或配腊牛羊肉，还有的老人喜欢配炒花生米；午餐吃牛羊肉泡馍的人也较多，有的家庭做饦饦馍配炒菜；晚餐大多数都吃面条，也吃饺子、包子等。散杂居在各地农村、山区、牧区的回族，日常饮食同当地接近，如新疆阿尔泰地区回民吃马肉和奶食品，米面食品退居次要地位；云南迪庆藏族自治州和西藏一带的回民，主食青稞、豌豆，三餐离不开糌粑和酥油茶。

传统饮食长面的烹制

从总体上看，回族的日常食品有如下鲜明的特点：一是主食中面食多于米食。面食是回族人民的传统主食，面食品种占回族饮食品种60%以上，其他饮食品种中也或多或少地运用到面粉。回族人制作的拉面、馓子、饸饹、长面、麻食、馄饨、油香、馄馍等，都有自身独特的风味。二是甜食占有一定的地位。米面中

知识链接 **油香** 有普通油香、糖油香、肉油香3种，有的地方把油香叫香气、香香锅。吃油香要掰开，如果身边有人，应分成若干份，不可一人直接食用。“油香”被当作一种珍贵的食品，是待客和送礼的佳品。

传统食品——油香

▲

传统方法制作甜糕

的甜食有凉糕、切糕、八宝甜盘子、甜麻花等。回族著名菜肴中也有不少是甜菜。三是菜肴中牛羊肉比重很大。

日常饮品

茶是回族人民饮食生活的重要组成部分。

回族很讲究茶具，过去煮茶或沏茶所用的壶，一般都是银、铜金属制作，有长嘴铜茶壶、银鸭壶等。现在沏茶一般都用瓷壶、盖碗或带盖瓷杯，煮茶多用锡铁壶，夏天讲究用紫砂壶。回族饮用的茶叶，北方有罐茶；云南有烤茶；湖南有擂茶。西北比较流行的是盖碗茶，相传始于唐代。盖碗茶

▲

传统饮品——八宝盖碗茶

由托盘、茶碗和茶盖三部分组成，故称“三炮台”。“八宝盖碗茶”是其中最有代表性的品种，即盖碗内泡有茶叶、冰糖、枸杞、核桃仁、芝麻、红枣、桂圆、葡萄干或苹果干等。饮用盖碗茶也有特殊讲究，喝盖碗茶时，不能拿掉上面的盖子，也不能用嘴吹漂在上面的茶叶，而是左手拿起茶碗托盘，右手抓起盖子，轻轻地“刮”几下，其作用是一则可滗去浮起的茶叶等物，二则是促使冰糖融解。刮盖子讲究一刮甜，二刮香，三刮茶露变清汤。每刮一次后，将茶盖呈倾斜状，用嘴吸着喝，不能端起茶盅接连吞饮，也不能对着茶碗喘气饮吮，要一口一口地慢慢饮。主人敬茶时，客人一般不要客气，更不能对端上来的茶一口不饮，否则会被认为对主人不礼貌、不尊重。

回族美食

世界上目前有三大菜系：东方菜系、西方菜系、伊斯兰菜系。回族美食融合有东方菜系和伊斯兰菜系的优点，经过民族的创新，形成了具有本民族特色的美食文化。

▲ 馓子

清真菜 又称回族菜，历史渊源可以追溯到唐朝。凡有回族聚居的地方都有清真菜，从一定意义上讲，辐射面超过了四大菜系。清真菜不仅流行于回汉杂居的民间，而且进入了清代宫廷。中国清真菜有5 000多个品种，各地还形成一些本地独特的清真风味名菜，如甘肃炒鸡块、银川麻辣羊羔肉、青海手抓饭等。

兰州牛肉拉面 又称兰州清汤牛肉面，是甘肃兰州地区的风味小吃。传说起源于唐代，还有一种说法是回族人马保子于1915年始创的。它以“汤镜者清，肉烂者香，面细者精”的独特风味和一清（汤清）、二白（萝卜白）、三红（辣椒油红）、四绿（香菜、蒜苗绿）、五黄（面条黄亮），赢得了国内乃至全世界顾客的好评，并被中国烹饪协会评为三大中式快餐之一，得到美誉“中华第一面”。

◀ 兰州牛肉拉面

“亥亭”食物 回族称祭祀祖宗和亡人的活动为“念亥亭”。程序一般为：先上油香、花卷、奶茶（用茯茶熬成），然后是称为双碗的熬肉米饭，最后是旗花面或麦仁饭。油香按“亥亭”的规模及主人财力的大小，分为大油香、小油香两种。小油香呈光面，大油香边缘捏有花边。一般有条件的人家，在上桌的油香上洒有蜂蜜或糖水。熬肉又叫“熬熬”，是以熟羊（牛）肉块、熟洋芋块、红白熟萝卜片、凉粉块加各种调料烩成的烩菜，习惯盛在碗里吃。

金凤扒鸡 “金凤扒鸡”始于1908年，当时马洪昌夫妇在石家庄大桥街开了一家马家鸡铺，他们采用独特的制作工艺，用蜂蜜对鸡进行上色炸制，并用中药秘方老汤煮制，做出来的扒鸡风味独特。现在的“金凤扒鸡”做法采用专门的不锈钢夹层锅，变明火加热为蒸汽加热，产品结构由过去的单一品种改为扒鸡、烤鸡、清香鸡、童子鸡、烤鸭等10余种产品。

金凤扒鸡

手抓羊肉

全羊席 一只羊从头到尾各部位分别做成菜、摆上桌，因此得名——全羊席，又称全羊大菜，为回族传统名菜。源出于清宫廷宴席，为招待客人的最高礼遇。

回族宴席 比较知名的有青海的八盘筵席、宁夏的十大碗筵席等。青海的八盘筵席也称青海“老八盘”，即有八盘菜，一般第一道菜是酸辣里脊，接着是由羊筋、肉丸子、红烧大肉块组合而成的“三烧儿”，这时候必须同时上一盘菜包子。第三道和第四道菜分别是炋羊肉和青海独有的红烧湟鱼（青海湖禁渔后这道菜被用其他鱼种替换），第五道菜是炸成金黄色的，咬一口便香甜四溢的“酥合丸”和西宁人俗称“糖饺儿”的糖包子，第六道是高粱米醪糟汤，第七道菜是清炖鸡或清炖牛肉，第八道菜便是蘑菇炒肉片等时令菜。“吃八盘”已成为青海回族人中“吃宴席”的代名词，也成为回族独有的一整套菜肴。

清真食品

饮食禁忌

回族的饮食禁忌大都与传统宗教习俗有关，食用的动物，以牛、羊、骆驼及禽类为主，海里的动物和食物亦可食用。禁食动物血液、猪肉、自死物；禁食驴、马、骡等非反刍动物的肉；禁食食肉类动物，如猫、狗的肉；禁食猛禽、猛兽。

伊斯兰教不仅视猛禽、猛兽及怪兽、怪鱼为不洁之物，而且认为其性凶残、暴戾、性恶，人如食后会移性。

根据穆罕默德所说“不自我损害，也不损害别人”的原则，禁酒、禁烟。

回族讲究饮食卫生，注意淋浴和洗涤。

居住习俗

回族民居除了具有浓郁的本民族特色外，多与当地民居有相似之处，如在内地或平坦地带的回族居住的是平房和楼房；在黄土高原上居住是窑洞；在云南一些地方还有竹楼等。

围寺而居

聚居于清真寺附近是回族人的择居传统，这样既方便开展宗教活动，也容易解决日常生活的宗教需要。集体在清真寺礼拜比个人在家礼拜意义更大，更受真主的喜爱；同族之间的相互照应和大事小情间的相互往来、互相帮助也很方便。还能相互商量，更好地筹集资金建设与维护清真寺。

沈阳南寺回民小区

注重卫生清洁和环境美化

回族历来爱美，素以清洁、文明著称。习惯在庭院内栽种各种观赏型的花草树木，种植品种根据当地的气候和环境来定，力求做到环境优美，干净整洁。回族人喜欢种花弄草，庭院里喜栽各种树木和花草，住楼房的回族人还有养盆花的传统习俗。

▲ 清真寺设有沐浴室

保证流动的生活用水及特有的洗浴装置

回族人洗浴讲究不用“回头水”，使用流动的水。为了保护水资源的清洁，院内挖掘自备的水井，连盛水的容器等也要加盖盖住，防止污物尘埃落入。

每家室内一般都备有浴室或吊罐（吊桶），为的是方便洗浴。“吊罐”其实就是一个桶，由木质或各种金属制成，传统的使用方法是通过铁钩、绳子和滑轮拉到“勿思圈”的横梁上，以手能摸到塞子为准。桶底留一小孔，平时用一段秫秸秆堵住。秫秸秆是空心的，最上面的节是最粗的部分，大小净时把秫秸往上一捅，水即顺着小孔流出。如今已有不少回族家庭使用现代的淋

回族建筑以蓝色为美

浴设备，如各种热水器等，有的在卫生间里增加一个洗浴用的水桶，类似传统的吊罐，固定在卫生间顶部。

回族的住室结构和造型特点以及装潢特点，是中国传统建筑体系与阿拉伯建筑装饰体系的混合。在现代化城市中，由于高层建筑普及，许多传统民居已不复存在。

婚姻习俗

婚姻是构成家族、产生亲族的基础。回族从形成至现在婚姻观的基本点，始终是反对禁欲，反对绝欲，反对独身。

婚姻禁忌

严禁娶有夫之妇　娶有夫之妇被认为是破坏他人家庭的恶行。丈夫死亡或离异的妇女可以改嫁，但要在丧期4个月零10天后。

严禁近亲结婚　男子不允许与自己母辈、女儿辈、姐妹结婚；不许同乳亲（乳母、同乳姐妹）结婚；不许同时娶两姐妹，也不许同时娶一女及她的母辈。

禁止轻易离婚　尊重婚姻的合法性、严肃性、完整性，反对离婚。但如果婚后发现感情不和等各方面严重问题时，男女双方都可以提出离异。

婚姻形式

回族的婚姻形式主要有“回回婚”、教内婚、表亲婚、交换婚、招养婚、童养婚、回汉婚等类型。

回回婚　回族婚姻中最主要、最基本的一种形式。相对回汉婚来讲，它又是回族中最广泛的婚姻形式。“回回婚”的最基本要求是男女双方都是穆斯林，不管是哪里的回族，只要不是自己的血亲和近亲（包括叔伯所生的妹妹），不是和自己同乳的人，都可以结婚。但男女双方必须同意，而且有两个以上的证婚人听到男女双方表示同意的话才可成婚。

回族新娘

教内婚 清代伊斯兰教教派、门宦在中国形成后，各教派在履行伊斯兰教功课方面，有不同的认识和理解，产生了教派矛盾，影响到不同教派之间的通婚。即使有少数通婚的，在举行婚礼时，双方的阿訇和教民有时常常为一些细小的枝节问题，发生争执，不欢而散。因此，一些回族聚居区盛行教内婚。

表亲婚 在回族婚姻当中占有一定地位，通常称姑表亲或姑舅亲，一般是兄弟的子女与姊妹的子女间互相结婚。这种婚姻旧中国时在回族中比较普遍，为新中国《婚姻法》所不允许，当代只在回族某些地区存在，是一种落后习俗。

交换婚 又称换头亲。这种婚姻多在姑表、姨表当中进行，一般限在同代人中交换，如姑姑的儿子娶舅家的女儿为儿媳，舅的儿子娶姑姑家的女儿为儿媳，平等交换，互不送彩礼和财物等，只适当买些衣服和日常生活用品。现在这种形式仅在条件困难的边远山区存在。

招养婚 又称招女婿。女方家没有男孩儿，需招一个兄弟较多的男孩子或孤儿到女方家为女婿，为女方父母养老送终。婚姻费用均由女方家负担，婚礼在女方家举行。

童养婚 抱养别人的幼女抚养长大，与自己的儿子成婚，一般是家庭经济富裕的收养家庭贫寒的孩子。童养媳在养家往往受到歧视，并承担过多的劳动，现在已基本废除。

回汉婚 回族与汉族间通婚的历史久远，民间“回爹汉妈”的俗语一直流传。明代时禁止回族互相嫁娶，一定程度上促进了回汉之间婚姻的加大。清代以后，回族人口数量增多，民族内部自相通婚又成为主流。随着当代社会的发展，回汉通婚在一定程度上又有所增多。

回族的婚礼程序

传统的回族婚俗一般经过以下程序：

提亲 又称“说亲”，回族姑娘到了十六七岁时，往往就有人上门提亲，由男方长辈携带礼物请媒人代为出面为儿子提亲，也有媒人主动提亲的。回族一般没有专职媒人，说媒的角色由双方亲戚或熟悉的人担任，大都是男子充当。回族请媒人要两个以上，分别代表男、女方。做媒，在回族中视为善事。媒人主要职责是向双方家庭介绍男女的品行和家庭等各方面的情况。接受男方委托的媒人，一般选在星期五到女方家提亲，女方家长觉得大体合适便会给予直接答复。如认为不合适，也可当面委婉拒绝。女方家也请媒人到男方家看家道，并由男女双方媒人安排姑娘、小伙子在集市或亲戚朋友家见面。见面后如姑娘、小伙子都同

回族新郎、新娘

意，男方家父母或其他人带上四色礼，小伙子还要带上见面钱，在媒人的陪同下正式见面。姑娘一般由姑妈或嫂嫂领着当面看女婿，媒人此时问小伙子和姑娘同意不同意。小伙子给姑娘见面钱，一般同意就接受，不同意则不接受。

今天，回族青年男女已走上了自由恋爱的道路，但婚前仍需请媒人给双方家庭说明情况，完成程序。

订婚 又称“定茶”。男方家要准备茶叶、糖果、桂圆、果干等，分别包成红包，连同衣料、化妆品等，由媒人或者男方父母一起送去。女方家要宰鸡、宰羊，以糖茶、宴席热情款待。双方当着亲戚朋友互道“色俩目”，表示这门婚姻大事已经定下和许诺，今后不再变更和许配他人。女方家在送客人时，还给男方家以适当的回赠礼，表示意志坚定，决不反悔。

新婚仪式

定亲 又称“插花”或“提盒子”。女方喝了“定亲茶”后，男方送上一定聘金，并适当购置一些日常生活用品、装饰品，以及相应的粮食等物品。如果不赠送聘礼，则婚姻无效。这些东西由女方或男方长辈或同辈妇女陪同购买。

定亲，男方由一位阿訇或者在媒人、叔父、舅舅的带领下，带着礼品前往女方家。女方也有一位阿訇或回族老人在家迎客，接“盒子”接聘礼。女方家还要炸油香、宰羊、过“尔麦里”。

“尔麦里”过后，两家人和亲戚一起赴宴，商量结婚的大致日期。

聘金数额根据男方的经济条件量力而行，如果将来男方无理提出离婚或退婚，男方所赠的聘礼和东西不能索回。定亲后，如果不能尽快成亲，男方必须在每年的斋月里向女方送“开斋礼”，礼品数量同定亲时差不多，直到举行婚礼。

娶亲 回族青年男女结婚，通常选在开斋节、古尔邦节前后，或者农历双日。

婚礼前一两日，男方带一只羊、100斤大米和半斤重的大馒头、油香若干个，送到女方家去，谓之“催妆礼”，意为请女方家放心，保证姑娘过门后好光景赛蜜糖。婚礼前一天为“接人情”日，男女双方邀请的亲朋好友送贺礼道喜，送礼者需要吃一碗“人情面”才能返回。

结婚当天上午，接亲车要提早出发，以免遇到孕妇。姑娘要

新郎、新娘自愿结为夫妻

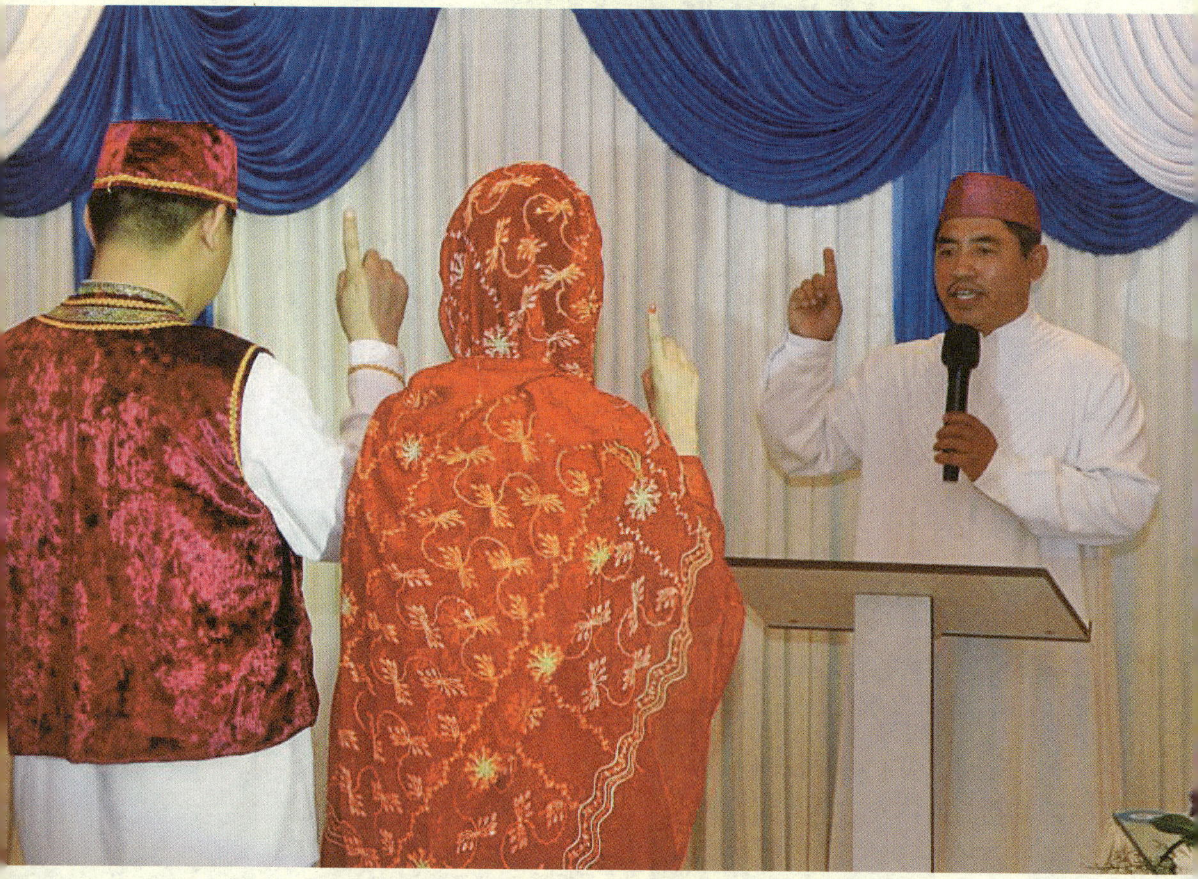

洗大净，名为“离娘水”。还要绞脸，又称“开脸”，用交叉的线绞掉脸上的汗毛，意味着女儿将告别姑娘时代。梳妆完毕要穿上红色的棉袄，即使是炎热的夏天也是如此，取“厚道”之意，配以红绸子或红纱头巾。送亲途中如果遇见其他娶亲人马，新娘子彼此交换腰带，以防相互“冲喜”。

接亲车到男方家大门时，乡邻们用一根绳子系在车头上，由男方父母拉车，即“往家里拉扯新媳妇”，新郎则围着接亲车跑步转圈，贺喜的亲友夹道欢迎。新娘进新房鞋子不能沾土，要请新娘的哥哥或舅舅把新娘抱进新房。送亲人全部下车后，双方亲属邻里互相高声道“色俩目”，同时将新娘的陪嫁物和箱子也抬进院里的桌子上，男方家给了开箱钱或搭门帘钱后，女方家陪新娘的嫂子或新郎才揭新娘头上的“搭妇巾”。

证婚仪式及其他　回族的证婚仪式，主要由阿訇念证婚词。大意是：结婚是成人的标志，是夫妇做人的开始，从此做人应尽种种责任；要严守教律，孝敬父母，待人谦虚，主持家务，奉公守法，上进求学等。然后阿訇问新人是否愿意互为夫妻，得到愿意的回答后，阿訇即宣布婚姻合法。这项仪式举行的前提是男女双方先到政府部门领取结婚证后，阿訇才给予证婚。

证婚仪式结束后，阿訇把事先准备好的果子、糖、枣子、核桃、花生等食品撒向围观的人群，众人争抢，这叫“撒喜”或“撒金豆”，营造欢快的气氛。有些地方新人入洞房时，阿訇将食品撒向新郎、新娘，意为感谢真主赐给的良缘，祝新郎、新娘长生到老，早生贵子。撒喜以后，开始闹洞房。各地闹洞房方式不同，有些地方闹公婆或者闹新娘哥哥，有让骑毛驴、黄牛的，逗大家欢笑，也有的采取唱宴席曲的方式，让新人表演节目等，俗话说，婚礼三天无大小，闹洞房往往持续到深夜。

回门　婚礼后3天或7天，新郎携带礼物陪同新娘回娘家，看望岳父母及亲属。岳父母家准备好宴席，款待女婿、女儿。回门的当晚，新郎要赶回家中，新娘住上三五天或一星期后再由娘家人送回家或新郎自己接回。

随着当代生活方式的变迁，除了回族聚居的小城镇和农村外，大中城市的回族举行婚礼时，上述传统仪式已被不同程度地简化了。

丧事习俗

回族把去世称为“归真”“无常”，称死者为“亡人”，遗体称为“埋体”。病人在临终前，一般需做的工作有：一是请阿訇念“讨白”，祈祷真主饶恕病人的罪过，要求病人忏悔和反省自己；二是 “口唤”，召集亲友乡里，与病人发生过矛盾的，要主动向病人说“色俩目”，互相原谅；三是保持环境肃静，让病人平静离世。

丧葬的程序

停灵　亡人停止呼吸后，身旁守候的阿訇或亲人要给亡人瞑其眼，合其口，顺其手足，理其发须，整理好遗体。停灵必须使亡人头北、脚南仰卧，面孔向西。遗体要覆盖一大块洁净的白布单。家人分头通知本坊教长及亲戚朋友、邻里乡亲。在直系亲属中推选几位有组织能力和处理丧事经验的人，管好迎来送往、丧事费用等事情。

善面　又称“探埋体”，相当于向遗体告别。亲友们在丧主家对丧主和亲属表示悲痛后，到停灵房揭开亡人头上覆盖的白布单，看看面容。若当天未能安葬，还得“坐夜”，请一位深明伊斯兰教义的长者看守亡人。“坐夜”者要洗大净，停灵的屋子要点上香烛直到天明。“坐夜”者要给丧主家的人讲人世间的真善美、假恶丑，劝人要行善事等。

备殓　用“克凡”裹体。“克凡”布有两个特点，一是颜色尚白，不用有色的布料；二是不分贫富贵贱，一律是白棉布、白市布、白漂布等，不用绫罗绸缎等高级面料。“克凡”要用3丈6尺白布做无领无袖的衣服3件，第一件叫“大卧单”，比亡人身体长一尺，包裹“埋体”；第二件叫“小卧单”，和身体一样长，在第一件之上；第三件叫“坎肩”。女性除以上3件外，另加裹胸和包头各一件。裹胸长3尺左右，宽1尺左右。包头也叫盖头，长3尺左右，用以裹发。小孩儿“埋体”（12岁以下），根据身长只做一件“克凡”包裹身体。

净身 又称“着水”，或称洗“埋宜台”。净身一般在清真寺或丧主家进行，备好浴床（常用洗干净的门板）、汤瓶、毛巾等。在丧主家净身的，如距离清真寺较近，要前往寺里担水，途中水桶不能落地。净身一般由3人承担：一人专门灌水，一人帮助冲洗，一人戴上手套，轻轻洗涤。手套要准备两副，洗上身时用一副，洗下身时用一副，净身过程中汤瓶也不能落地，其他人不得入内。

净身后亡人要穿上“克凡”，先右后左，层层包裹。战争中为国牺牲的人，可免予洗礼、穿“克凡”，允许着血衣埋葬。

殡礼 回族丧葬中最重要的仪式。殡礼有的在丧主住宅院里举行，有的在院外选一块平坦、干净的地方进行。参加殡礼的人必须洗大净。殡礼是生者代表死者向“安拉”作最后一次礼拜：先将遗体放在西边，主持人靠近埋体站立，其他参加者都脱鞋随后排班站立，诵《古兰经》并举意，之后参加者左右互道“色俩目”，殡礼结束。

回族殡礼不在日出或日落进行，妇女不参加殡礼，不送葬。

下葬 在墓地提前挖一南北走向的长方形土坑，下葬时，亡人亲友在坑上、坑内相互配合，将亡人遗体从木匣子中抬出，安放于坑内洞穴中。亡人头北脚南，面向西方，用土块将洞口封

将“埋体”抬入墓穴

严，不放任何世俗随葬物品。然后铲土合坟，填平直坑，用剩余的土将坟头培为鱼脊形或凸形。禁止以水泥、白灰等物体抹面或做其他修饰。

回族葬礼以速葬、薄葬、“入土为安”为特点，安葬亡人最迟不超过3天。

纪念亡人 也称作“尔埋力”。纪念亡人的方式和规模各地略有不同，时间一般从亡人安葬后开始计算，做三日、头七、二七、三七、四十天、周年。每年开斋节，还要给已故亲人“走坟”，以表达对亡者的哀思。

纪念亡人，丧家亲属要请阿訇念经、请客、走坟。请阿訇念经可请到坟上去念，也可请到家里念，要给念经的人散“乜贴”。请客是请阿訇、亲属和亡者无常时前来帮忙的人，丧家要宰羊、宰牛、宰鸡、炸油香。走坟时要先到清真寺礼拜，散了“飞点钱”后才出发。坟上不摆供品，点上一些香即可。平时亲属凡梦到死者或死者生日、忌日时，都要在主麻日到清真寺为死者传茶，传茶时拿油香、水果、糕点等。

丧葬禁忌

回族丧葬有以下禁忌：禁忌设置灵位祭台，禁止送花圈挽联。禁忌火葬，实行土葬，亡在哪里就埋在哪里。禁忌厚葬，主张薄葬，提倡勤俭节约，反对铺张浪费。回族有一句俗语：“死后铺金盖银，不如生前厚养孝顺。”守丧也不必超期守制，妻子对丈夫守丧为4个月零10天，其他人不超过3天。禁忌喧嚣和痛哭，丧葬期间禁止大声喧哗，不允许奏乐等高音行为。送葬的亲友要求节哀，禁止号啕大哭。此外，还有禁忌在礼拜时间举行殡礼，禁忌移尸迁坟。

节日庆典

回族有三大节日，即开斋节、古尔邦节、圣纪节。节日和纪念日都是以伊斯兰教历计算的。伊斯兰教历以月亮盈亏为基准，全年为12个月，平年354天，闰年355天，30年中共有1个闰年，不置闰月，与公历每年相差11天，平均每32.6年比公历多出1年。

开斋节

开斋节是回族对阿拉伯语“尔德·菲图尔”的习惯称呼，陕西、甘肃、青海、云南等地的回民将开斋节亦称为“大尔德”。回族视“斋月”为最尊贵、最吉庆、最快乐的月份。回族的斋月，是伊斯兰教历九月，起止日期主要看新月出现的日期而定。斋月内凡符合条件的穆斯林男女，都要奉行一个月的斋戒，白天不进饮食。望见新月，斋戒完成，次日即为开斋节。

沈阳地区开斋节

武汉地区
开斋节

湖北地区
开斋节

开斋节持续3天，穆斯林要沐浴净身，换上洁净的衣服，家中炸油香、馓子。到清真寺参加会礼后，还向老弱病残和贫苦之人出散“乜贴”，因此开斋节又叫“济贫节”。还会请阿訇为已故亲人走坟，纪念亡人。走坟后，走亲访友，相互祝贺，邀请亲戚乡邻到家款待。回族穆斯林对开斋节特别重视，又叫“回民过年”。

古尔邦节

“古尔邦”，阿拉伯语音译“尔德·古尔邦”，又称“尔德·艾祖哈”，意为“牺牲”“献身”，亦称“宰牲节”“忠孝节”。大部分地区的回族称为“小尔德”，是伊斯兰教三大节日之一，在伊斯兰教历每年的十二月十日举行。

知识链接 相传，伊斯兰教先知易卜拉欣梦见安拉命他宰杀爱子伊斯玛仪献祭，考验他对安拉的虔诚。易卜拉欣把刀架在儿子的喉头上，十分伤心。于是真主安拉派天仙吉卜利勒背来一只绵羊作为祭献，代替了伊斯玛仪。后来穆罕默德就把伊斯兰教历十二月十日规定为宰牲节，纪念这对父子的虔诚和孝顺。

武汉地区
古尔邦节

开斋节表演
“太狮舞”

外籍友人参
加古尔邦节

古尔邦节要举行一个隆重的宰牲典礼，经济条件较好的人每人要宰一只羊，7人合宰一头牛或一峰骆驼。不允许宰杀不满两岁的小羊羔和不满3岁的小牛犊、骆驼，不宰眼瞎、腿瘸、缺耳、少尾的牲畜。宰牲的肉要分成3份：一份自食，一份送亲友邻居，一份济贫施舍。

宰牲典礼后可以访亲问友，馈赠油香、菜，相互登门贺节。有的还要请阿訇到家念经，吃油香，还要去游坟，缅怀先人。庆贺节日的形式多种多样，各地互有异同。

圣纪节

圣纪节，是纪念伊斯兰教先知穆罕默德的诞辰和逝世的纪念日。由于穆罕默德的诞辰与逝世恰巧都在伊斯兰教历三月十二日，因此，一般合称“圣纪”。

圣纪节当天，要先到清真寺诵经、赞圣、讲述穆罕默德的生平事迹，之后自愿捐赠粮、油、肉和钱物，并邀约若干人具体负责磨面、炸油香、煮肉、做菜等，摆上十几桌乃至几十桌饭菜，大家欢欢喜喜，一起进餐；有的地方是吃份儿饭，也叫“份碗子”，即每人一份。对于节前散了“乜贴”，捐散了东西，而没来进餐的，要托亲友、邻居给带一份“油香”让其品尝。

生活礼节

社会习俗

诞生礼 婴儿的诞生意味着幸福，回族有传统的风俗习惯：怀孕称“有喜”，孕期有禁忌，如不送亲，不参加婚礼，不送葬等。在饮食上忌吃兔子肉，孕妇不能嘲笑别人的小孩，特别是不能嘲笑有生理缺陷的小孩儿。临产时，孕妇要洗大净，尽快“占房”。孩子出生后，谁先进入产房，孩子的气质、性质就像谁。所以婴儿若是男孩儿，就从亲友、邻居中派出一个诚实勇敢且聪明能干的男性首先踏进产房；若是女孩儿，则派出一个温柔贤惠的人首先踏进产房，为“踩生”。

孩子出生3天时，要用热水洗掉孩子身上的污垢，称“三洗”或“洗三”。主人要款待亲友乡邻，亲友相邻也会给产妇送相应的营养品，体现彼此之间的友爱关心。

孩子满月、百天后，要举行满月礼、百日礼，也叫贺满月。主人请客主要是祝愿孩子一生幸福。有的地方在孩子满月的时候请理发师理顺孩子头发，或给孩子留小辫、戴手镯等。

命名礼 又称“安名”。在婴儿诞生的当天至7天之内，必须请一位阿訇举行命名礼，即起“经名”。阿訇念宣礼词，从众多的先贤中选出一个美名，告诉家里人，以示吉庆、俊美。命名礼后，要用红枣、白糖、红糖、冰糖水等甜东西给小孩儿开口、宴请亲友相邻。

除阿訇为婴儿取经名外，还有父母起名，叫“安小名”或“奶名”。在孩子略大后，再为孩子起正式的名字，即官名（学名）。所以回族人通常都有3个名字：经名、小名、官（学）名。

抓周礼 抓周礼在我国流传很广，回族中也很普及，俗称“抓岁”，也叫“岁礼”。对于第一胎，或没有生育能力领养孩子的回族家庭，更重视这种仪礼。

婴儿满周岁时，主人摆放一张大红桌子，桌子上摆上笔、本和一些玩具等物品，而后，母亲或父亲把孩子抱到桌子前，让孩子任意抓。来宾和全家人一起观看，用来试探婴儿将来的志向和爱好。

割礼 回族俗称“逊乃提”，又称“成丁礼”。男童一般在5~9岁实行割礼，即割除阴茎的包皮。按照伊斯兰教规定男孩儿到12岁，已经懂事，要开始承担宗教义务。

见面礼 以前，回族见面时相互打招呼有自己的特色，一般先说者问好“安色俩目阿来昆”，意为“求主赐你们平安”，而回答者则说“吾阿来昆色俩目”，意为“求真主也赐你平安”。现在大家都互称“你好”问候。

问候有顺序讲究：晚辈向长辈，年幼者向年长者，客人向主人，乘骑者向步行者，男向女等。忌讳对别人的问候不回应和在对方赤身裸体、上厕所、礼拜时问候。

待客礼 回族人民待客真诚有礼节。聚餐时，按辈分年龄先长后幼顺序入座。吃饭时先让客人。饼子、馍馍要用手掰开吃，

▲

怀圣寺

不可囫囵啃咬或大口嚼咽。进食时不说污言秽语，不贬嫌食物，不在碗里乱吹乱搅。男客人由男主人陪同，女客人由女主人陪同，晚辈不能陪客用饭。

生活习俗

沐浴 回族最重要的风俗之一，可分为大净和小净。“沐”即小净，“浴”即大净。小净的洗法有若干程序：洗两手至腕部；洗两便；漱口；呛鼻；洗脸；洗两肘；抹头、抹耳、抹额；洗脚至两踝骨。大净，就是用清洁的水洗涤全身。沐浴源于宗教活动，已经形成了一种风俗习惯。

洗涤衣服 衣服脏了既有害身体健康，又影响人的美观，更会影响精神面貌，给人留下精神颓废、人格丑陋的印象。清洁的衣服能体现一个人良好的生活习惯和道德风貌。

搞好家庭卫生　回族特别注重自己居住环境的清洁，多数家庭都喜欢把室内及庭院打扫得干干净净，物品安放整齐有序。

第五章
伊斯兰教：认主独一的信仰

伊斯兰教是与佛教、基督教并列的世界三大宗教之一。伊斯兰教在中国的传播过程中趋于本土化，形成了三大教派、四大门宦。

伊斯兰教是与佛教、基督教并列的世界三大宗教之一，我国旧称回教、清真教或天方教。伊斯兰教的至高经典《古兰经》在中国的传播也经历了原文、汉译的过程。伊斯兰教本土化的过程中，陆续形成了三大教派和四大门宦，也可以说是伊斯兰教的中国特色。

伊斯兰教教义

伊斯兰教最初起源于7世纪的阿拉伯半岛，穆罕默德40岁时接受启示并宣布安拉是宇宙万物的唯一主宰，他是安拉在这个世界的最后一位使者，号召人们顺服安拉。伊斯兰一词原意为“顺从”，指顺从安拉（中国穆斯林亦称真主）的意志。“和平”，阿拉伯语为“伊斯俩木”，伊斯兰教由此得名。他的主张吸引了很多信徒，信徒被通称为“穆斯林”，意思是“顺服者”。其教义主要内容是六信、五功。

六信

信安拉（真主） 伊斯兰教是严格的一神教，要相信除安拉之外别无神灵，安拉是宇宙间至高无上的主宰。《古兰经》第112章称：“安拉是真主，是独一的主，他没生产，也没有被生产；没有任何物可以做他的匹敌。”据《古兰经》记载，安拉有99个美名（99种德行），是独一无二、永生永存、无所不知、无所不在、创造一切、主宰所有人命运的无上权威。信安拉是伊斯兰教信仰的核心，体现了一神论的特点。

怀圣寺

信天使 天使是安拉用“光”创造的无形妙体，受安拉的差遣管理天国和地狱，并向人间传达安拉的旨意，记录人间的功过。《古兰经》中有四大天使：哲布勒伊来、米卡伊来、阿兹拉伊来及伊斯拉非来，分别负责传达安拉命令及降示经典、掌管世俗时事、司死亡和吹末日审判的号角。

信经典 《古兰经》是安拉启示的一部天经，教徒必须信仰和遵奉，不得诋毁和篡改。伊斯兰教也承认《古兰经》之前安拉曾降示的经典（如《圣经》），但《古兰经》是比其他一切经典优越的，《古兰经》是包罗其他一切经典的意义，信徒即应依它而行事。

信先知 《古兰经》中曾提到了许多位使者，其中有阿丹、努海、易卜拉欣、穆萨、尔撒（即《圣经》中的亚当、诺亚、亚伯拉罕、摩西、耶稣），只有安拉知道他们的数目。使者中最后一位是穆罕默德，他也是最伟大的先知，是至圣的使者，他是安拉“封印”的使者，负有传达“安拉之道”的重大使命，因为他是被安拉派遣到人神两类的使者，只要信仰安拉的人，都应服从他的使者。

信后世 伊斯兰教认为：整个宇宙及一切生命，终将有一天全部毁灭。然后安拉会使一切生命复活，即复活日来临。《古兰经》第55章：“大地上所有的一切终将朽坏。只有你的具有庄严和尊贵的主的本然长存。”“的确，你们在复生日将被复活。”复生日到来的时候，一切生命的灵魂都将复返于原始的肉体，

广州怀圣寺匾额——“教崇西域”

奉安拉的命令而复活，并接受安拉最终的判决：行善的人将进入天堂，永享欢乐；作恶的人将被驱入地狱，永食恶果。伊斯兰教所提倡的两世兼顾，号召穆斯林要在现世努力创造美满生活，同时也应该以多做善功为未来的后世归宿创造条件，两者相辅相成。

信前定 世间的一切都是由安拉预先安排好的。

五功

念功——信仰的确认 即念清真言或念作证词。念功是“五功”之首，是最基本的功课。信徒口念“万物非主，唯有真主，穆罕默德是安拉的使者”，为信仰当众表白（作证）。当众表白，名义上就是穆斯林了。《天方典礼·五功篇》记载：“念，知所归也。”“念主则心有所归，而不致流荡忘返。盖真主为大化根源，万命所自出。凡欲返本命之初，务以真主为准向，斯得所要归，而身心俱有收束矣”。

怀圣寺

礼功——信仰的支柱 即做礼拜，礼拜是一项重要的宗教仪式，是每一位成人穆斯林的“天职”。《正教真诠·五功章》记载：“礼者，朝拜真主，祝佑君亲，乃天理自然之节文也。真主清净无形，不落方位，朝拜者，统万形而浑于无形也。”礼功是督促穆斯林坚守正道，对自己过错加以反省，避免犯罪，给社会减少不安定因素，为人类和平共处提供条件。

▲ 西宁东关大寺准备礼拜的穆斯林

穆斯林礼拜时必须面朝阿拉伯的麦加禁寺内的“克尔白”（即天房，指寺内方形石殿），每一个清真寺里的壁龛即表示礼拜的朝向。

伊斯兰教规定每日礼拜5次：晨礼（从拂晓到日出）、晌礼（从中午刚过到日偏西）、晡礼（从日偏西至日落）、昏礼（从日落至晚霞消失）、宵礼（从晚霞消失至次日拂晓）。每星期五主麻日，晌礼时间，要求穆斯林到清真寺做集体礼拜“聚礼”。在开斋节和宰牲节时举行“会礼”。

礼拜由若干动作、念辞和仪式组成，如抄手、站立、鞠躬、叩头等。妇女的某些动作与男子稍有不同。礼拜不规定固定的地点，家里、车内、飞机上、道路上、清真寺内，只要洁净、方向正确即可。妇女礼拜一般专门有清真女寺。

斋功——寡欲清心，以近真主 伊斯兰教认为教历九月是《古兰经》颁降之月，是最吉祥、高贵之月。白天（从日出前一个半小时到日落）应不吃不喝，戒房事，叫作“封斋”或“把斋”。斋戒的意义在于修炼人的意志、思想、身体，以达到虔诚地服从“真主之命”。

按伊斯兰教规，未成年人、病人、孕妇、出门旅行者等人，可以暂免，或过时再补，或纳一定的济品施舍。

课功——课以洁物 “天课”是对占有一定财力的穆斯林规定的一种功修。伊斯兰教认为，财富是真主所赐，富裕者有义务从自己所拥有的财富中，拿出一定份额，用于济贫和慈善事业，又称“济贫税”。

“天课”不是人人都要交纳的，而是除正常开支外，财产尚有富余的人按2.5%的比例交纳。“天课”的用途，《古兰经》有明确的规定，但是随着社会经济的变化，天课的用途在各国或各地区不完全相同。

朝功——复命归真 凡有条件的男女穆斯林一生中必须去沙特麦加城内的“克尔白”朝觐一次。正式朝觐的时间为伊斯兰历的十月八日至十日，也称正朝。除此之外，一年之中任何时间都可前去朝觐，称为“小朝”或“副朝”。朝觐的主要仪式有：受戒、转天房、住米那山、站阿拉法特山、在“萨法”和“麦尔卧”两山之间奔跑、射石（投石打鬼）等。朝觐的条件是身体健康、有足够的旅费而无债务缠身的成年穆斯林，不具备此条件者则可以进行代朝。

伊斯兰教经典《古兰经》

《古兰经》内容及概述

《古兰经》，也译为《可兰经》。“古兰”为阿拉伯语音译，意为“诵读”“宣读”或“读物”，是穆罕默德在传教的23年（609—632）中陆续宣布的“安拉启示”的汇集。

穆罕默德在世时，经文由弟子们书写纪录在树叶、石片和兽皮上。穆罕默德去世后，《古兰经》尚无定本。《古兰经》在传播过程中，因为个人读法的不同，曾发生过大的争执。四大“哈里发”中的奥斯曼曾专门指定人对《古兰经》进行了重新校对整理，形成定本。奥斯曼定本的《古兰经》包括114章，各章长短不一。最长的有286节，最短的只有3节。每章的长短和节次，据说是由先知通过诵读、教读的方式基本确定下来的。奥斯曼定本没有采取按启示时间的先后顺序编排，而是将一篇具有伊斯兰教义纲领性的祈祷词作为全经之首，将一些同当时穆斯林宗教生活和社会生活联系密切的长篇编排在前，将那些阐述一神思想、谴责多神崇拜和叙述古代先知事迹的较长篇章编排中间，而将一些早期降示的短篇置于末尾。后来，《古兰经》的诵读家和研究者以先知迁移麦地那为界限，将迁徙前降示的称为“麦加章”，迁徙后降示的称为“麦地那章”。前者约占整个《古兰经》的2/3，后者约占1/3。

后人在对某些经文的分节标准上出现不同的主张，其中最少者为6 204节，最多者为6 666节，我国明清两代的穆斯林学者都采用后一说法。埃及是较早印刷《古兰经》的伊斯兰国家之一，它的官方版本采用的分节为6 236节，逐渐为各国接受。现在权威编印版本的《古兰经》共有30卷114章6 236节，每一章以一个阿拉伯语词作为名称。

《古兰经》确立了伊斯兰教教义、教法、哲学、伦理道德和典章制度的总精神和总原则。主要内容有以下几个方面：

1. 与多神教和“有经人”的论争。“有经人”指犹太教徒和基督教徒。《古兰经》1/5内容记述了彼此之间争论的焦点，关于

▲

18 世 纪
《古兰经》
抄本

安拉的唯一性、穆罕默德的先知地位、《古兰经》是否是安拉的启示。

2. 信仰纲领。《古兰经》的“麦加章”经文多半是关于信仰基础方面的，关于信仰安拉、天使、先知的内容。其中提到名字和事迹的先知有28位，穆罕默德为最后一位“封印先知”。安拉与普通人的联系通过颁降给先知的启示来实现。

3. 教法教律及宗教义务。主要集中在“麦地那章”中，包括财产中的遗嘱继承法、婚姻法、刑律以及相应的宗教义务，如“为安拉之道而战”的兵役制度。

4. 人物故事。《古兰经》中人物很多可以在基督教的《圣经》中得到验证，不过人物的称谓不同。除了有一章对优素福的故事讲得比较完整并具有故事性外，其余人物的事迹有的断断续续散见于数章之中，有的只提及人物的某事或某言，有的甚至只提及其名而未讲述其任何事迹。这些人物中除阿丹妻子哈娃和尔萨之母麦尔彦及“双角人”外，均被《古兰经》称为先知或使者。

5. 学诗歌。在《古兰经》以前，阿拉伯人并无书籍，虽有很多的诗歌，然而都是非常浅显的，并不能称为文学。《古兰经》文体新奇，其韵文文采美妙，风格独特，使之成为阿拉伯文学史上的开山之作。阿拉伯语文学科和伊斯兰教学科，都是以《古兰经》为中心的。随着阿拉伯民族的发展，《古兰经》也被传播到世界各地，对于许多民族的文学史产生了很大的影响。

刻有《古兰经》经文的瓷瓶

知识链接 人祖阿丹

传说在很早以前，大地一片漆黑，没有鲜花，没有鸟鸣，没有人类，没有生机。一天，天地之间突然响起轰隆隆的声音，一团红光闪起。红光里，渐渐地出现了一男一女。男的叫阿丹，女的叫韩吾。

阿丹和韩吾原来是安拉的天使和天女。一天，他俩到红霞深处的仙果园游转，在百步外闻到一阵奇香。他俩如痴如醉，走过了彩虹般的天桥，到了一片果林旁，只见香喷喷的麦果，红亮亮、黄灿灿，万般迷人。阿丹高兴地随手摘了两个，给了韩吾一个。韩吾接到手中张口要吃，谁知吃急了囫囵掉进肚内。阿丹刚咬一口，才进喉咙，就被发现了。

天仙是不允许吃任何东西的，吃了就不圣洁了。阿丹和韩吾犯了天规，于是被安拉贬降大地。

黑漫漫的大地，苦海无边无尽，他俩在艰难中痛苦地挣扎，每天5次跪在冰川上向上天诵经祈祷。一百年过去了，五百年过去了。阿丹和韩吾的虔诚感动了万能的安拉，仁慈的真主降下了“口唤”。顿时，天开地裂，东方发白，天空出现了光灿灿的太阳，夜晚便出现了亮晶晶的月亮和星星。人间出现了光明，他俩相互看见了对方，惊喜地扑在一起。韩吾在兴奋中滑倒了，坐在冰川上，阿丹也滑倒了，两腿跪在冰川上。他们每天仍然祈祷。每次祈祷前都要洗净拿了麦果的手和那双碰过麦果树的脚，漱净吃了麦果的口。又过了五百年，安拉知道他们悔过，又降下了“口唤”饶恕了他们。但是在他们的身上却留下了痕记。阿丹没吞下麦果，喉头就大了一些。他曾滑倒在冰川上，所以双膝是冰凉的。韩吾把麦果吞进了肚内，因此肚子就大了，因为她滑倒坐在冰川上，所以屁股是凉的。他们两人都想吃东西，安拉就给他们饥饿的感觉。让他们结为夫妻，相互帮助，在大地上朝夕相依，用劳动去满足自己的需要。并让大地按他们付出的劳动公正地赐给他们福分。

从此，阿丹劈山引水，开荒造田，按照天堂的样子改造大地；韩吾摘下了云霞，剪成了天园中的各式小花撒满了大地，他俩偷吃的麦果，安拉也赏赐给他们，由他们勤俭耕作成了他们的主食。古老荒芜的大地在他们勤劳的手里变成了山川河道，壮美如画。

阿丹和韩吾生了73胎，前72胎都是一男一女，但第七十三胎却是个独子，名叫师司。全家都为这个独子没有媳妇犯愁，觉得这广阔的大地还有许多地方没有人烟。阿丹和儿女们商量，决定派一个人去天堂求摘水果，让大家吃了，好多生儿女，同时讨得真主的旨意。可是大家你看我，我看你，默默无声。只有师司无挂无牵，勇敢地说："慈祥的父母啊！为了仁爱的兄长和姐姐们，纵然九死一生，我也要去把安拉的旨意和仙果讨回来！"

师司跋山涉水，经受了许多严寒酷暑，忍饥挨饿，不知过了多少天，走了多少路，脚上起了血泡，腿脚走得红肿，都没有打消他要去找安拉的意志，他每走一步都在祈祷着。一天，他在一座高山的山顶上，实在困乏不过，一头栽倒在地，迷迷糊糊地睡着了。他梦见了一条身躯有百丈来长、缸口那么粗的白蟒，举头摇身地对师司说："英俊的少年呀！你不要怕，我是安拉派遣来的天仙，是迎接你进天堂的。请你骑在我的身上，闭上眼睛吧！"师司就骑在白蟒身上，一阵风似地到了天堂的大门前，门口站着天仙浩勒，问明了情形，默默地向安拉祈祷，稍一会儿，只见他摇动白胡子叹了一口气，顿时刮起了狂风，天昏地暗。阿丹和他们144个儿女被刮到天上又飘落在大地的各个角落。接着安拉又降下了五谷六畜。人间从此像天堂一样兴盛起来。那勇敢无私的师司却被安拉留在天堂里，成了天使。

我国《古兰经》的汉译过程

伊斯兰教在唐代传入，经宋元至明初，穆斯林已遍及中原及全国城乡，清真寺纷纷建立，早期对《古兰经》和宗教教义的了解多靠阿訇、毛拉宣传讲解，谈不上文字翻译。明末清初，一批经学造诣和汉文根底很深的回族学者，开始了翻译《古兰经》的尝试。

1. 零星摘译阶段。明清之际回族穆斯林学者的汉文著作中，采取摘译经文片段的方式，以此表达学习《古兰经》之心得体会，但出于对《古兰经》原文的敬畏，他们不敢擅自大段翻译。

即便是治学最勤奋、译述最丰富的刘智（1660—1730），在其已刊行的大量著述中，只能找到3个微型短章的译文。

2. 重点选译阶段。这一阶段，回族穆斯林学者选取《古兰经》的一些重点章节加以翻译，选译有两类情况：

第一种情况为选文精简者。只突出展示某一章或较少的章节加以译释，如李廷相译注《天经译解》，仅选第一章及第二章前5节，有题解、翻译并逐节注疏，1924年牛街清真书报社初版。道隐（伍特公笔名）的《汉译古兰经第一章详解》，约15万字，1941年由香港中国回教学会初版刊行。马达五译述《法涕哈》《古兰选读》，择译首章及最后若干短章、第二章若干节。用阿、汉、英了3种文字对照，并附有拉丁文音译以供拼读，由香港穆斯林布道会多次印刷分赠教亲，供日常宗教礼仪中诵读。

第二种情况为选文内容较多的民间普及本。汉译为“孩听”“亥帖”“赫厅”等等，其中包括《古兰经》首章、几个长章中的若干节，以及卷尾的若干短章，都是大家在宗教礼仪中家喻户晓，能用原文熟背牢记的，总量仅相当于《古兰经》全经（30卷）中的一卷。

3. 全文通译阶段。首个通译尝试者为回族穆斯林经师马德新（1794—1874），约19世纪中叶开始，他在门徒马安礼的协助下展开通译全经工作。相传已完成初稿20卷，但刊行问世者只有前5卷，名为《宝命真经直译》，上海中国回教学会于1927年12月出资刊印出版。这是通译全经的第一次尝试，可惜传世部分仅占全经的1/6。还有多人进行过《古兰经》的全文通译，大都未能成功。其中包括由哈德成、伍特公、沙善余等主持，马坚参与执笔的《古兰经》文言文译本，仅在上海《回教学会月刊》上发表过3卷，就因故中辍。

《古兰经》书影

《古兰经》的全文通译，20世纪20年代末才拉开序幕。第一部通译本，是汉族译者从日文本转译的。之后出现的许多全译本，主要以回族穆斯林学者直接译自阿拉伯文者居多。20世纪末，汉文通译本得以正式出版者，计有铁铮、姬觉弥、王静斋

(3种)、刘锦标、杨仲明、时子周、马坚、林松、仝道章、周仲羲、马振武、沈遐熙共12位学者的14种译本。

知识链接

王静斋 (1880—1949), 名文清, 回族, 天津人。我国著名伊斯兰学者、翻译家。他与哈德成、达浦生、马松亭并称为我国近现代"四大阿訇"。他毕生从事伊斯兰学术研究和宣教工作, 熟谙阿拉伯文、波斯文和英文等外语。1914年开始酝酿翻译《古兰经》, 到1946年共翻译出版了3种译本: 甲种本、乙种本和丙种本。其中丙种本《古兰经译解》最为著称, 这个版本以白话文译出, 也是译者3个译本中最成熟、最受欢迎的译本, 1946年10月由上海永祥印书馆出版, 之后再版、重印次数较多, 影响广泛。

马坚 (1906—1978), 字子实, 回族, 云南个旧沙甸村人。20世纪30年代留学埃及, 曾以阿拉伯文著《中国回教概况》, 并将《论语》译成阿拉伯文, 都在埃及出版。马坚对《古兰经》的翻译, 有文言和白话两种文体, 文言文体于1939年从埃及回国后开始翻译。白话文译本1945年完成, 后来又几经修改, 1978年做最后一次润色, 1981年由中国社会科学出版社出版。著名回族史学家白寿彝对马坚所译的《古兰经》评价是:"在忠实、明白、流利三者并举的要求下, 我相信, 这个译本是超过以前所有的译本的。"

林松 (1930—2015), 回族, 中央民族大学教授, 中国现代杰出的穆斯林学者。云南省个旧市沙甸村人。师从著名学者马坚教授学习阿拉伯语, 1988年翻译出版了《古兰经韵译》, 该书将《古兰经》翻译成韵文体, 读起来通俗流畅, 好记易懂, 而且朗朗上口。在《古兰经》的研究上, 林松教授还出版有《古兰经知识宝典》及《〈古兰经〉在中国》等成果。

教派与门宦

伊斯兰教主要有两大派别, 即逊尼派与什叶派, 其产生与对穆罕默德继承人的认同有关。

610年, 阿拉伯人穆罕默德创建了伊斯兰教。632年, 穆罕默德去世, 当时他没有留下遗嘱安排谁为"哈里发", 也没有谈到以什么形式推选"哈里发", 他的信徒们在继承权问题上发生了激烈的争执。按照阿拉伯人的传统, 领袖是从部落上层有威望的人中推选的。然而穆罕默德所建的公社包括了许多部落,

西安清真寺“勅赐礼拜寺”牌楼

哪个部落有优先权呢？在这种争执中，逊尼派与什叶派随之产生。

一派主张继承人应由穆斯林公社根据资历、威望选举产生。因而认为穆罕默德的门徒、由穆斯林公社推选的“哈里发”（政教合一的领袖，共4人）是合法继承人。拥护这个主张的穆斯林即后来的“逊尼派”。逊尼派全称为“逊奈与大众派”，阿拉伯语原意为“遵循传统者”。该派把穆罕默德早期追随者的言论和事迹编成一本书——《圣训经》，称为《逊奈》。“逊尼派”的名称即由此而来。逊尼派虽然将其他不同信仰视为异端，却同时提倡求大同存小异，融合不同见解，努力调和真主的无限权威和人的责任这两个观念。目前，全世界伊斯兰教穆斯林90%属于这一派。他们广泛分布在西亚、北非的大多数阿拉伯国家，并自称“正统派”。

另一派主张世袭原则，认为只有出身于哈希姆家族（圣族）的阿里（穆罕默德的堂弟、女婿）及其直系后裔才是穆罕默德的合法继承人，否认逊尼派所拥戴的艾卜·伯克尔、欧麦尔、奥斯曼前三任“哈里发”的合法性。称宗教最高领袖为“伊玛目”，阿里为第一任“伊玛目”。此后，直到第十二代“伊玛目”，均是阿里的嫡传子孙。支持这一主张的穆斯林后来被称为什叶派。“什叶”在阿拉伯语中意为“追随者”“派别”“同党”。全世界10%的穆斯林属这一派，其中近一半在伊朗。

伊斯兰教自唐代传入中国时，尚无教派之称。当时中国穆斯林教法方面属于哈乃斐法学派，可以都归属于逊尼派。第四任哈里发阿里时期，什叶派崛起，向正统的逊尼派发起挑战，但对中国境内回族先民的影响不大。自明朝中期以后，中国内地的穆斯林呼唤宗教改革。其时，苏菲派的影响在中国日趋活跃，相应地引发了中国回族的伊斯兰教派及门宦的产生。

中国回族主要为伊斯兰教派中的逊尼派，根据不同的教法、教义，著名的教派和门宦主要有三大教派和四大门宦。

伊宁市回族清真寺

三大教派

格底目　“格底目”为阿拉伯语音译，意为“古老的”，为中国内地伊斯兰教最古老的教派，又有“老古派”“尊古派”，普遍称为“老派”“老教”。我国甘宁青地区因“格底目”主张“沙目”（昏礼，伊斯兰教每日5次拜功中的第四次）之后开斋，又有“后开派”之称。“格底目”历史最悠久，从伊斯兰教传入至今已有1 300多年历史。“格底目”在四大教派中是人数最多、分布最广的一个教派，它实行的是单一的教坊制，即清真寺系独立单位，与其他清真寺之间互无统辖、互不隶属。奉行“哈乃斐学派”的坚持传统尊古，严格履行念、礼、斋、课、朝五功，坚信安拉、使者、天神、经典、后世、前定六大信仰，视坐静修持为副功，非常重视宗教末节。

伊赫瓦尼　“伊赫瓦尼”为阿拉伯语音译，意为“兄弟”，又称“艾亥里逊奈”，意为“遵经”。中国“伊赫瓦尼”源于阿拉伯的瓦哈比派，它主张按照《古兰经》和《圣训》的原始精神改革伊斯兰教。中国伊赫瓦尼教派倡导“凭经行教”“遵经革俗”。它的创始人是甘肃东乡人马万福。过去伊赫瓦尼在青海等地实行“海乙”和“稍麻”制（总寺与分寺的隶属制度），后来也改为单一教坊制。“伊赫瓦尼”在宁夏境内各地分布也较广。

西道堂　中国伊斯兰教三大教派之一，因注重伊斯兰传播方式的本土化而被学术界称为汉学派。1901年，清末秀才马启西创立“西道堂”于甘肃临潭。马启西出身伊斯兰经师世家，青年时又中过秀才，具有较好的汉学功底和伊斯兰素养。“西道堂”因独特的教义、与众不同的集体生活方式、重视发展商业贸易的入世思想等特点而备受人们重视，被称为“伊斯兰发展新模式”“新型穆斯林公社”“经济宗教社团”“伊斯兰新社会模式”和“穆斯林经济合作社”，民间较为流行的称呼是“理学派”或“汉学派”。

回族教派门宦根源　哈乃斐教派为伊斯兰教逊尼派四大教法学派之一，与马立克学派、罕百里学派、沙斐仪学派合称逊尼派四大教法学派。其前身是伊拉克的库法学派，早期一直是伊斯兰教法系统化和规范化的学术中心。艾卜·哈尼法·努尔曼继承库

▲

怀圣寺

法学派重视法律推理的传统，专注于构筑教法的理论体系。他的学说已从地方惯例和宗教传统转向专业法律思想，为建立教法学作了开拓性尝试；并强调个人判断，使教法学家坚持通过“伊斯提赫桑”（官优选）行使法律拟制的权利。

苏菲派为伊斯兰神秘主义派别的总称，亦称苏菲神秘主义。“苏菲”为阿拉伯语音译，其词源有多种说法：一说是阿拉伯语“羊毛”之意；一说源自阿拉伯语“赛法”，意为“心灵洁静、行为纯正”；一说源自阿拉伯语“赛夫”，意为“在真主面前居于高品位和前列”。另说，苏菲派因其品质和功修方式类似先知穆罕默德时代“苏法”部落的人，故名。苏菲派赋予伊斯兰教神秘奥义，主张苦行禁欲，虔诚礼拜，与世隔绝。9世纪时，苏菲派出现了以导师为核心的小团体。之后，逐步扩展，发展成各类教团，师承传系由早期传贤制演变为导师世袭制，形成了等级制度。

回族的伊斯兰教派中产生的门宦，主要是苏菲派教团传入中国后逐步形成的。门宦制度是中国穆斯林特有的组织，但“门宦”一词并不是门宦家自己命名的，而是外人相加的。各个门宦有自己的名字，它是伊斯兰教神秘主义与中国封建地主和儒家思想相结合而逐渐形成的教主兼地主的特殊制度，其特点是神化和崇拜教主，促使教徒绝对服从；信仰拱北，即在教主坟地建立亭屋，号召教徒上坟念经，加以崇拜；教主只能以始传者的子孙世袭，别人无权继承；门宦管辖清真寺，各清真寺的教长，由教主委任和管辖，教主与教长之间，属于隶属关系。各门宦之间彼此不相统属，互相排斥。

四大门宦

哲赫忍耶 “哲赫忍耶”为阿拉伯语音译，意为“高声”，即高声齐念“迪克尔”，故又称为“高念派”。“哲赫忍耶”的创始人是甘肃人马明心，他提倡简化部分宗教仪式，故深得人心，拥戴者甚众。“哲赫忍耶”有5个支系，分别为“板桥”“沙沟”“南川”“北山”“新店子”，虽同为哲赫忍耶门宦，但相对独立。“哲赫忍耶”是四大门宦中人数最多、分布最广、影响最大的门宦，主要分布在宁夏、甘肃、新疆、云南、河北、山东、吉林等省区。

虎夫耶 “虎夫耶”为阿拉伯语音译，意为“低声”，即低声念诵“迪克尔”，故又称其为“低念派”。这个门宦支系较多，约有20余个，即“华寺”“毕家场”“鲜门”“胡门”“刘门”“洪门”“疯门”“丁门”“法门”“通贵”“灵明堂”“文泉堂”“穆夫提”“凉州庄”“碱沟井”“高赵家”“临洮”“北庄”“崖头”“撒拉教”等，但各个支系之间，并无统辖、隶属关系，独立传教和行使教权。“虎夫耶”主要分布于西北甘肃、宁夏、青海、新疆等省区。

嘎德忍耶 “嘎德忍耶”为阿拉伯语音译，意为“大能”，也是苏非派的一个较大的教团。这个门宦包括“大拱北”“香源堂”“阿门”“祁门”“韭菜（九彩）坪”等支系。嘎德忍耶有出家习俗，在出家人中选出一位“当家人”，是该门宦的显著特

▲ 陕西大寺

征。主要分布在甘肃、宁夏一带。

库布忍耶 中国伊斯兰教苏非派门宦。“库布忍耶”阿拉伯语音译，意为“至大者”，起源于伊拉克。在宋金时期由一名外籍传教士穆呼引吉尼传入。此人定居于河州东乡（今甘肃临夏回族自治州东乡族自治县）的大湾头，改姓张，躬耕自给。后人为他建拱北于大湾头上，故又称“张门门宦”。该门宦除遵五功外，主要是静修参悟，幽居山洞拜主，默念“迪克尔”，静修时间分 40 天、70 天、120 天不等。教徒分布于甘肃省东乡、康乐及皋兰等地。

回族的教派门宦尚有很多分支，很多属于这三大教派四大门宦的分支。客观来说，门宦、教派都是中国伊斯兰教的派别组织。当代学者认为，两者的差异主要在“道乘”上。主张“五功”为全功，又可以教乘、道乘兼修的，划入“教派”。主张教乘、道乘兼修，但特别重视“道乘”（对某些人视为必不可少）的，划入“门宦”，中国的门宦形成都有着国外的“苏菲教团”的背景。

第六章
独树一帜：
打造鲜明的
文化个性

在历史的长河中，回族融入了中华民族大家庭，形成了回族自身独特的文化艺术。文学、艺术、体育、建筑、武术，回族都有自身独有的风韵。

回族在与汉族等兄弟民族长期相处的过程中，综合了伊斯兰文明及中华文明的元素，形成了自身独特的文化艺术。西北回族高亢、婉转、动听的民间高腔山歌——“花儿”，成为民歌艺术中一道亮丽的风景。窗花、书法、建筑艺术上，都附带上自身民族独有的风韵。回族武术更是为中华武术增光添彩，成为中华武术的一大流派。

回族语言

在历史的长河中，回族融入了中华民族大家庭，和其他民族一起风雨同舟、荣辱与共、和谐发展。回族日常生活中主要是使用汉语，同时还有自己的语言特色，例如“经堂语”及“小儿锦”等创新文字的应用。

明代阿拉伯文炉瓶三设

汉语应用

回族在生存和发展中选择了汉语。早在唐宋时期，回族先民来自阿拉伯、波斯、中亚等处，他们的语言非常复杂，有阿拉伯语、波斯语、突厥语和南亚语，在当地贸易必须依靠翻译的帮助。元代，大批的中亚、西亚人被迁徙到中国来，大都使用各自的母语，并开始学习和使用汉语。明清之际，一方面，封建王朝统治者推行强制汉化政策；另一方面，日益扩大的商业贸易及社会交往，都促使回族普遍使用汉语作为自己的主要应用语言。

经堂语

明代中叶以后，回族经堂教育兴起。回族学者在清真寺授课，采用统一的阿拉伯文和波斯文教材，但使用汉语讲解，经常掺杂一些阿拉伯语、波斯语词语，有时候几种语言的语素交互组合，形成了大量具有创意和特色的回族语汇，久而久之渗透到了回族的日常生活用语之中，为了有所区别，人们称这种语汇为“经堂语”。

经堂语归纳起来主要有3个方面：第一类是大量使用阿拉伯语音译借词，有时直接用阿拉伯短语来表达，如“其他布”（经典）、“伊斯俩目”（伊斯兰教）等。第二类是回族民间大量使用波斯语词汇，如“乃麻孜”（礼拜）、“多斯提”（朋友）等。第三类是回族专用的一些特殊汉语词汇，如“道堂”（苏非派传教地）、“先知”（穆罕默德）、“无常”（逝世）等。

回族使用和创新的文字

小儿锦——最早的汉语拼音文字 “小儿锦”，又称“消经”，为回族宗教人士中流行的一种用阿拉伯字母拼写汉语的拼音文字，其中夹杂许多阿拉伯语、波斯语的词汇和经堂语专用词汇，同时，还有少量的当地方言汉字。

“小儿锦”最初在经堂教育中盛行，后来也在通信、记事等交际中广泛应用。新中国成立后，随着回族教育的发展，“小儿锦”使用的人数少了。但一些阿訇在参加会议的时候，用“小儿锦”做记录，有的还用“小儿锦”写信、写日记等等，使“小儿锦”成为特定场合回族内部交流的一种语言表达工具。

东干文——汉语拼音文字 中亚地区的东干人，是同治和光绪年间陕甘宁地区西北回民起义军的后裔，他们将带到中亚地区的汉语西北方言，采用俄文字母拼音化，创造了世界上独一无二的拼音文字——东干文。

回辉话——海南回族的母语 海南省三亚市回辉、回新两个村，白沙黎族自治县，万宁市的回族人在讲汉语海南话和广州话的同时，还保留有本民族的语言“回辉语”，这种语言原属南岛语系印度尼西亚语族占语支，由于与占语分离的时间久远，又受到汉藏语系语言的影响，产生了四部声调，因此成了占语支里一个较为特殊的语言。

回族在日常语言表达上，由于居住区域不同，还习惯使用当地方言，并大量使用语气词和带有感情色彩的叹词等，如“咧”“者”“哩”“呢”“了”等。

回族体育

回族武术有着悠久的历史。乾隆皇帝曾说：“中土回人，性多拳勇，哈其大族，每出将种。”中华人民共和国成立前，由于社会不安定，回族群众为了健身自卫，学拳练武的人比较普遍。民间谚语说：“学得一身武，走遍天下无人堵。”历史上回族习武不仅是为了强身健体，还用它来保护自己。流传于吴忠、灵武一

回族传统体育——赶牛

带民间的有张家枪、何家棍、马家软功和固原等地的“回回十八肘”等。另外，六合拳、梅花棍、母子棍、连枷棍、三尺鞭、花剑、十路弹腿等也广为流传。新中国成立后，回族拳师在国内许多比赛中获得大奖，使回族武术家喻户晓。

木球运动，是回族青少年喜爱的一项体育活动。它是由农村青少年放牧时的“打篮子”“赶毛球”演变而来的，具有浓厚的乡土气息。1986年，第三届全国少数民族传统体育运动会被正式列为表演项目。1990年，宁夏举办了全国八省区木球邀请赛。1991年，第四届全国少数民族运动会上，木球正式列入比赛项目。

方棋，是深受回族群众喜爱的一种民间体育活动项目，下法极为方便，下棋者捡来小砖瓦块、石块或干羊粪做棋子，在地下画一横7行、竖8行的长方形“棋盘”即可开赛。棋盘中共有56个交叉点，棋子各28粒。交战双方轮流布子，布局完成后，便轮流行棋对弈。在行棋中，某方如能走成4枚棋子彼此相连的正方形（称作“成方”），即可“吃掉”对方任何一个能破坏“成方”的棋子，直到分出胜负。从1984年起，宁夏固原举行过3次方棋比赛。1991年，宁夏回族自治区第二届少数民族运动会上将方棋正式列为比赛项目，使这一民间传统项目登上了大雅之堂。

拧缸，流行于山东一带。表演者面对大缸，身体成合卧档式，两手抓握缸沿横向直径部，腰、手臂、双足综合用力，反复拧动，在场内做盖步、背走、倒叉步、磨盘步拧法。每个动作重复表演6次，而后转缸退场。

拧缸

踏脚，最初是流行在宁夏泾源县的一项回族民间的传统体育活动。青年小伙子们两三个为一方（或者更多一些），展开1对1、2对2、3对3，甚至更多的踏脚比赛，各方以从身后或侧身蹬腿或踢脚的方式，向对方进攻。如果被对方蹬倒或招架不住而退场，便被认定为失利。1991年，第四届全国少数民族运动会把踏脚列为表演项目，宁夏代表队的踏脚表演荣获一等奖。

拔腰，农村回族青年所喜爱的一项体育活动。青年农民劳动休息时，在田间地头或场院进行拔腰活动。比赛时，俩人侧身弯腰搂抱对方腰部，并使劲将对方抱起，如果有一方将对方的两脚拔离地面，则为获胜。

文学艺术

回族文学

回族文学艺术根植于回族传统文化的肥沃土壤中，体现了回族传统文化的特质和精要所在。从文学体裁角度划分，回族文学大体上可分为民间文学和作家文学两类。

《回族民间故事选》书影

回族民间文学主要包括民间故事、神话、传说、民间叙事诗、民间谚语和歇后语等。回族民间文学作品大都集中于西北地区，其中以宁夏、甘肃、青海居多。截至目前，已搜集整理发表的回族民间故事达1 200多个，出版的回族民间故事集也有十几本。这些故事都生动形象地反映了回族的历史、政治、经济和文化，其中还蕴涵着回族的价值观、世界观和道德观。

《人祖阿丹》书影

李树江的《回族民间文学史纲》，对回族民间文学的历史现状、种类与分布特点进行了集中的介绍和系统的研究，是我国第一部回族民间文学史专著。李树江同美国学者卡尔路·卡特主编的《中国回族神话与传说故事》（英文版），首次将回族民间文学系统介绍到西方国家，也是我国第一部被翻译到国外的回族神话与传说故事作品集。王正伟的《回族民俗学概论》《回族传承文化实录》都是有关回族民俗及相关民间传说、故事、叙事长诗的优秀专著，对印证回族历史发展具有较大的参考价值。

知识链接 **《马五哥与尕豆妹》** 自清末起，在甘肃、宁夏、青海、新疆等地回族人民群众中广为流传。光绪年间，河州地方，回族姑娘尕豆妹与当长工的马五哥真诚相爱。他们互换“记首”，各诉衷肠，真是“你把我疼来我把你爱，指甲连肉是分不开”。但是“晴天里站下一疙瘩云，黑心的媒人把亲订”，财主马七五为霸占尕豆妹，强娶她为自己10岁的儿子做妻子，拆散了这对鸳鸯。于是，他们俩“两头儿想来两头儿牵，两头儿都牵成了个病汉”。一次，马五哥与尕豆妹相约私会于家中，相见后，由于“左说右道的话长了，女婿尕娃醒来了。女婿尕娃张口要出声，马五哥手急掐了个紧。三掐两掐掐重了，女婿尕娃掐死了”。当这个可怜的尕娃成为其父马七五罪恶阴谋的牺牲品以后，马七五告到官府，马五哥与尕豆妹被押上了受审台。在正义与邪恶、国法与金钱的多次较量中，两位无辜的情人被双双斩首。

回族除了使用经堂语和一些习惯专用语以外，在群众当中还流传着大量生动且具有民族特色的谚语和歇后语，如：十个回回九姓马，一个不姓纳就姓哈；一天不抓三遍水，不能算是好“回回”；回汉一条心，黄土变成金；“回回”两把刀，一把卖羊肉、一把卖切糕；“回回”三大行，珠宝、饭馆、宰牛羊；拿了寺上一粒米，祖祖辈辈还不起。歇后语，如：山羊头上的肉——没多少；冬天穿坎肩——抖家子；老太太吃麻花——要（咬）的哪股子劲儿；“老回回”的亲，甘草的根——越挖越深；“老回回”喝盖碗茶——先刮两下；卖面、宰羊——各干一行；念、礼、斋、课、朝——一点不能马虎；穆民没有“伊玛尼”——丢了根本。

回族的作家文学中，张承志的《心灵史》、霍达的《穆斯林的葬礼》、查舜的《穆斯林的儿女们》、石舒清的《苦土》《清水里的刀子》等作品堪称回族作家的代表作。其中，霍达的长篇小说《穆斯林的葬礼》获第三届茅盾文学奖，该作品从现实和历史的交替中展现了人物的心态和命运，从本家族饱尝民族灾难的切肤之痛中，引发出中华民族在两场大灾难中的不幸与崛起。这些作品在描写内容和表现风格上各具特色，但就反思历史、观照社

《穆斯林的葬礼》书影

《灰袍子》书影

会现实生活和思维模式等方面又具有一定的共性：运用典型化的手法，将文化审视与社会历史审视相结合，现实主义精神与现代主义思想相融合，通过对民族生存方式、生存状态及其人的灵魂和命运的描写折射社会历史、反映社会生活，具有较高的文学审美价值。

回族文学研究方面，张迎胜、丁生俊的《中国回族古代诗歌选注》《回族古代文学史》是我国回族古代文学史专著。杨继国、何克俭合著的《当代回族文学史》，是我国回族第一部当代文学史专著，全书由诗歌、小说研究两部分构成，被誉为当代回族文学史研究的“创始之作”。

当代回族著作

回族艺术

流行于我国西北地区的回族“花儿”在国内艺术界备受瞩目，被看成民族艺术中的瑰宝。回族舞蹈、书法艺术、剪纸等也是具有自身独特的一面。

花儿 “花儿”是产生并流行于甘肃、宁夏、青海、新疆等地区的一种山歌，曲调丰富，唱词优美，文学艺术价值较高，被

▲

《花儿与少年》剧照

▲

《花儿》舞剧剧照

人们称为“西北之魂”“西北的百科全书”。“花儿”发源于甘肃临夏，由于流行的地区不同，加之在发展过程中受西北各民族文化的影响，因此形成了不同的流派和艺术风格。按照流传地区可分为甘肃“花儿”、宁夏“花儿”、青海“花儿”等。根据其风格和特点，又可分为河湟“花儿”和洮岷“花儿”两大流派。

“花儿”主题以情歌为主，约占90%以上。分为“恋爱观”“求爱”“交际”“争执”“结婚”“别离”，花儿的许多调令名就是对情人的代称，如《大眼睛令》《尕三妹令》《红花姐令》……另外也有反映“生活苦情”“愤世嫉俗”“人生哲理”等主题的。

当代的回族“花儿”，被赋予了时代特点，其内容大多是反映改革开放后回族群众发家致富奔小康的情况，也有一些是反映新旧观念的矛盾、冲突等内容的，可谓“旧瓶装新酒”，曲调未变，歌词大变。“花儿本是心里的话，不唱是由不得自家”。回族“花儿”的声调高亢舒长，它以歌唱爱情为主，酣畅淋漓地表达着普通人的理想与追求。从田野山间走上舞台，走进大学和学术研究的殿堂，回族“花儿”已经成为西北地区一道亮丽的风景线。

口弦 又称“口扣”，是一种以吹奏口弦并伴以即兴表情、动作的民间娱乐形式。口弦主要流行在宁夏回族自治区的西吉、海原、固原一带的回族妇女中间，她们通过弹口弦来抒发自己的情感。妇女之间用口弦相互对弹，如同对歌、谈心一般。当地流行的口弦有铁、竹两种。弹奏时左手捏住弦夹，将音舌部位轻轻含在嘴里，右手中指和拇指，通过口形的变化和呼出吸进气流来控制音色，随着花哨的手指姿势和丝穗的跳动，发出一连串音韵动人的乐声。能奏出“房檐滴水”“骆驼铃”等口弦令调。

剪纸 回族剪纸艺术也有着自身的特点，回族妇女心灵手巧，剪出的纸样，生活气息浓厚，内容丰富，装饰空间广阔，居住处无论在窗户上、墙壁上，随处可见，具有自身独特的审美意识。

剪纸艺术

书法 用中国书法形式书写的阿拉伯文被称为“经字画”，它吸收汉文的书法特点和表现方式，变化精妙，深受回族民众的喜爱，至今风行不衰。在清真寺的殿堂门楣上，或是回族人家屋内、清真饭店的墙上，人们都会看到或张贴或悬挂着的，醒目的阿拉伯书法作品，回族人称之为“经文”或“经字画”。

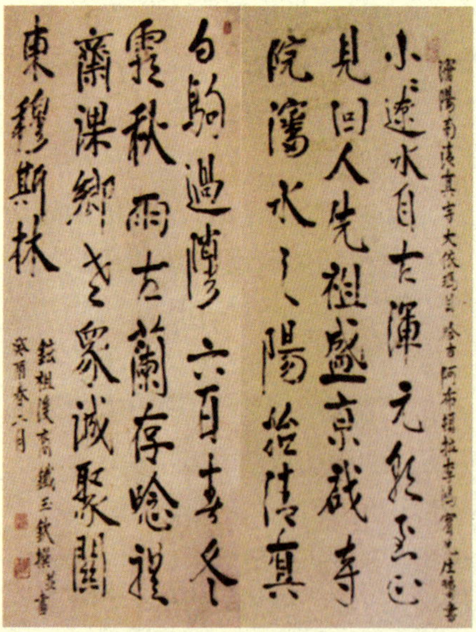

书法艺术

舞蹈 回族舞蹈不仅真实感人，而且很富有艺术感染力。回族民间广为流传的有以下几种：一是民间“花儿”，大都以歌颂爱情为主要内容。在自娱性不特定

《徽香飘回乡》舞蹈剧照

的场合中，由单人或男女合舞为表演形式，舞蹈较为欢快奔放；二是“宴席曲”，多是男子对舞，是一种边歌边舞的形式。它的特点是有较浓厚的武术风格，动作粗犷、剽悍，潇洒大方；三是“口弦舞”，也称“坐舞”，多为女性表演。

建筑艺术

古代世界中主要的独立建筑体系大约有7个，由于各种不可控因素的影响，失传或中断导致一些建筑体系不复存在或应用。目前，只有中国建筑、伊斯兰建筑、欧洲建筑被公认为世界三大建筑体系。

伊斯兰建筑艺术是伊斯兰艺术门类中最杰出的代表，鲜明地体现着独特的伊斯兰美学观念。伊斯兰美学的三原则可以用3个词来概括：独一、统一和运动。即：显示真主的独一，体现事物间统一的关系，强调宇宙万物的动态美。伊斯兰建筑形制主要组成部分包括拱顶、讲坛（虎图白楼）、壁龛（米合拉布）和宣礼塔等。伊斯兰建筑艺术的载体，主要是清真寺建筑、帝王宫殿和陵墓等纪念性建筑艺术。印度的泰姬陵是伊斯兰建筑的典范和世界建筑史的奇迹之一。

回族建筑艺术是中国建筑和伊斯兰建筑融为一体的独特的建筑艺术。

清真寺建筑

唐宋时期，回族先民就修建了广州怀圣寺、泉州清净寺、杭州凤凰寺、扬州仙鹤寺四大名寺。回族清真寺建筑特点主要有：

第一，建筑工艺的“中阿”结合性，即将伊斯兰的装饰风格与中国传统建筑手法相融汇，通常采用白、蓝、绿等冷色布置大殿，体现了穆斯林的审美心态。在重点装饰的天棚圣龛饰以彩画和金色花卉等图案，还嵌砖雕、挂金匾。在大殿以外的地方，或精雕细刻，或雕梁画栋，或置以香炉、屏风，使寺院充满富丽堂皇的气氛。还采用博古图案、梅竹图案、吉祥动物图案或阿拉伯文字作装饰，使寺院既富丽堂皇，又具有庄严神圣的宗教气氛。在布局上多采用中国传统的四合院形制，其建筑以一定的中轴线排列，具有完整的空间。其间每一院都有独特的功能和艺术特色，又井然有序，展示了一个完整的建筑艺术风格。

第二，坚持伊斯兰教的基本原则，突出表现了清真寺的宗教特点，如寺内设置礼拜大殿、沐浴室等，大殿内不设偶像，明显区别于其他宗教建筑。

桂林清真寺

第三，寺院园林化。回族清真寺内，往往山石叠翠，遍植树木花草，洋溢着浓郁的生活情趣，使人在崇敬之余，产生亲切感。

第四，回族清真寺大殿的屋顶组合是一项令人敬佩的艺术创造。由于一般礼拜殿的空间纵深很大，同时又要解决采光与防雨的问题，因而礼拜殿多为组合式坡屋顶，多者达5座屋顶勾连相接。

第五，清真寺强调屋顶的明显，在组合屋顶之上再加上高峻的亭阁，如天津大伙巷清真寺的后殿部分并排设计了5座重檐方亭和六角亭，亭阁比例瘦长，与阿拉伯伊斯兰教建筑中尖塔式邦克楼有异曲同工之妙。

拱北艺术

“拱北”是阿拉伯语音译，意为“圆形屋顶建筑”。这种圆顶建筑式样源于古罗马，被伊斯兰世界广泛运用于清真寺建筑。回族专指伊斯兰教先贤、门宦首领、道祖、老人家的陵墓，兼有阿拉伯风格的建筑和中国庭院式陵墓建筑群两种模式。

宛葛思墓道

▲

宛葛思——
清真先贤古墓

阿拉伯风格的“拱北”建筑，其地面建筑为正方形，上覆以圆拱顶。埋体之上盖墓顶石。墓顶石由数块条石组成，下大上小，素色无雕，最上面一块条石凿成圆拱形。早期“拱北”以位于广州城外流花桥畔的宛葛思为代表，建于629年，为唐朝阿拉伯传教士艾布·宛葛思的墓地。地面墓室建筑为砖砌正方形，上覆半圆形拱顶，内顶四角以菱角牙砖叠涩14层，呈穹隆形过渡，入内诵经时回声响亮，故有“响坟”之称。

中国庭院式陵墓建筑群，现在留存的有规模的“拱北”建筑大多是清代门宦道祖的墓园，建筑群布局，以及殿、堂、厅建筑的结构，充分体现了中国庭院式传统建筑的风格。砖木结构，规模较大，以墓庐为中心的礼拜殿、对厅、牌楼、照壁等主体建筑呈东西向中轴线排列，讲堂、住房、沐浴房等对称居两边，主体建筑的形制及做法高度程式化，有的呈园林化布局，达到建筑与环境的和谐统一。尤其是砖雕装饰在拱北建筑中达到很高水平，如宁夏固原二十里铺拱北始建于1585年，是到固原传教的西域人西萨陇迪尼归真之处，经明清历代教主重修、扩建，成为依山而建的庞大建筑群。

宁夏吴忠市的四旗梁子拱北位于吴忠市区，是吴忠市区内最大的一个拱北。1871年，金积堡回民起义失败后，回民起义领袖、哲赫忍耶教主马化龙在此殉难，被马三阿訇葬于吴忠四旗梁子。1915年，哲赫忍耶教派教徒在此建立“拱北”，“文化大革命”期间遭毁坏，改革开放后重修。四旗梁子“拱北”既是表现伊斯兰教内容的宗教建筑，又是一座带有中国古典风格的建筑。拱形屋脊，青砖绿瓦，飞檐斗拱，雕梁画栋，飞檐上雕有凤凰，窗棂上刻着象征幸福的蝙蝠，精美的砖雕上用的是汉字“寿”，整个建筑华美精致而又不失庄严肃穆。

宛葛思墓

砖雕艺术

回族的雕刻艺术，可分为石雕、木雕、砖雕和灰泥浮雕4种类型。各具特色又注重整体艺术，在很多建筑中都有所表现，可以说是中国传统雕刻艺术的继承与创新。砖雕艺术是回族最富有民族特色的雕刻艺术。

临夏公馆砖雕——松月图

砖雕，又称河州砖雕，它将阿拉伯文字图案与中国山水画巧妙地结合在一起，主要用于清真寺、“拱北”以及住宅建筑的外部装饰。砖雕源于甘肃河州（今临夏回族自治州），后传播于各地回族聚居区。目前回族砖雕艺术以河州和天津最负盛名。砖雕主要工艺可分为两种：1. 捏制。系用黏土泥巴以手捏成或用模具制成各种花鸟虫鱼的造型，后入窑焙烧成砖，然后装饰于古典建筑的屋脊飞檐上。2. 刻制。在青方砖上用刻刀雕镂成各种浮雕图案和画幅，然后块块对接，拼成画屏。其工艺制作过程要经烧制、打磨、格方、落样、雕刻、安装6道工序。所用工具主要有镩、平刀、斜刀3种。以周声普（1908—1987）为代表的“周派”设计精妙，气势宏伟，图案富丽，充满诗情画意。临夏大拱北和东公馆，多系周声普及其族人的杰作。

知识链接

周声普　（1908—1987），临夏市八坊大西关人，出生于砖雕世家，临夏砖雕多出其手，东公馆、蝴蝶楼砖雕都有其作品，临夏红园现存大型砖雕《山水图》《牡丹图》《翠竹园》《菊花图》《石松图》《海水朝阳》等，无不形象逼真，向以临夏"周派砖雕"著称。他一生授徒很多，现临夏砖雕、水泥雕大多师承周派。

东公馆砖雕被誉为"全国罕见的砖雕珍品"。其作品有《江山图》《百子图》《双寿图》《双品富贵》《菊花竹图》《五蝠捧寿》《长寿富贵》等，总共有大小189幅。《江山图》砖雕堪称一绝，位于过庭照壁上，长6米，高8米。两边是字迹苍劲秀丽长达30个字的隶书对联，中心是由24块厚7厘米、长宽各25厘米的大块方砖组成的《江山图》。图中草木雕刻精细，玲珑剔透，活灵活现。整个照壁，设计精巧，刀法熟练，妙趣横生，堪称回族砖雕的顶峰之作。绽成元的作品形成了独具艺术风格的流派——"绽派"。绽派崇尚构图新颖，追求时代特点，具有写实风格。

马顺清　生活在道光至同治年间。在此之前，天津砖雕业只是瓦工兼做的"细活"，俗称"刻花活儿"，马顺清就是位"刻花活儿"的高手。道光年间，天津对刻砖的需求量增大，马顺清与赵连璧组织一支回族青年的刻砖队伍，天津刻砖才成为独立的行业。马顺清的作品气势雄浑，刀法朴实圆厚，并创造了"贴砖法"。所谓"贴砖法"就是在砖面上加贴一块小砖，以增加画面的空间。贴砖用的黏合剂也是马顺清发明的，其配制方法是：松香四分，黄蜡一分，研碎后和水搅匀，煮成黏液状，晾干后备用。需要贴砖时，先将两块砖的接触面磨平，然后将砖加热，再把黏合剂均匀地涂在砖面上，贴好后压紧，冷却后十分牢固。贴砖技术的发明，确立了天津砖雕淳朴、丰满、细腻的艺术风格。

刘凤鸣（1889—1978），继承并发展了马顺清的技艺，马氏贴砖只贴一块，而刘凤鸣则根据构图的需要，在一块底砖上分贴多处，使画面凹凸多，起伏大，无论从正面看还是从侧面欣赏，都给人以美的享受。他拼刻在7块砖上的《三国演义》，幅长3米多，人物众多，形象逼真，加上背景的丛林、城堡、江河，气势不凡。

天津马顺清、马少清还发明了"贴砖法"，增加砖的厚度，雕刻后加强景深与层次。马顺清的外孙刘凤鸣进一步发展了砖雕艺术，人称"刻砖刘"。不少兄弟民族在建筑工程中，也模仿回族砖雕，影响日益广泛。

回族姓名

回族形成后普遍使用汉语，回族姓氏也最后汉化，与汉族姓氏基本相同，但追溯回族姓氏的渊源仍与他们先民的姓氏有关。一般说来，阿拉伯人的全名是由本人名、父名、祖父名、族名、地名、部落名等构成，这一姓氏特点在回族先民进入中国时仍然是很明显的。唐、宋、元时来华的穆斯林，为“回回”民族的形成奠定了基础，同时也为“回回姓氏”的诞生、形成和发展准备了条件。纳、马、撒、哈、沙、赛、速、忽、闪、保、木、苏、郝、海为回族14大姓。

回族姓氏同汉姓相比较，基本上没有大的区别。但追寻回族姓氏的来历却很有特点。1. 表现在语音变化上，回族姓氏有很大一部分是来自先民阿拉伯人、波斯人、中亚人的译音，并非取自汉姓。2. 比较而言，回族有许多姓氏是同姓不同源。3. 回族姓氏较多异姓同源情况。4. 回族姓氏同音多，但同音不同字。5. 回族姓氏数量多，汉族姓氏回族都有，有些回族姓氏汉族却没有。

知识链接 **回族姓氏演化**

元代“回回人”中除个别人采用汉姓外，大多只有一个阿拉伯语、波斯语或突厥语的名字，到明清之际，“回回人”姓氏已全面汉化，仅在出生后洗礼时，请阿訇给小孩起一阿拉伯名——俗称“经名”。

由皇帝赐予汉姓：如李、达、答、张、白、沐、陕、郑、金等姓。赐以国姓，即与皇帝同姓，赐以民姓的事例较多。

自取汉姓：“回回人”大多取原名和伊斯兰教先贤名中译音立姓，如玉、杨、马、哈、穆、海、苏、赛、纳、喇、速、丁、铁、虎、沙、黑、回、拜、摆、萨、撒、脱、闪、妥、以、把、改、买、鲜等。

以定居地名取姓：如山东益都杨姓，其先祖是在北京羊市角头的元代伯颜察儿后裔，遂以“羊”为姓，后迁往山东青州，改为杨姓。

还有在原汉译名前加取一般汉姓：如郑阿里、唐哈散等。也有部分汉族改奉伊斯兰教，融入回族带入汉姓如张、王、李、刘、崔、周等。

回族姓氏内容丰富：

1. 回族有些姓氏，直接来源于先民姓氏的首音或尾音。蒲姓来源于阿拉伯人常用人名“abll”的译音。泉州历史上因蒲姓“回回”居多而有“半蒲街”的地名，今天东南沿海地区蒲姓“回回”较多。阿拉伯人男子姓氏的尾音多有丁字，即阿拉伯语“den”（底尼），意为“宗教信仰”，“回回”姓氏丁姓特别多；波斯人姓氏首音多带有“沙”字，波斯语意为“王”，沙姓今为回族大姓。

2. 来自伊斯兰教先贤和祖辈名字中的一个字为姓，如元代“回回人”伯笃鲁丁，汉名是鲁至道，“鲁”即姓氏中的一译音。但伯笃鲁丁的后人倒没有姓“伯”，而是除去偏旁，以“白”为姓，今广西桂林、马平一带白姓最盛。

3. 以家世而得姓。回族形成后，由于受宗教风俗的限制，基本上实行族内婚，不同辈分之间通婚并不稀奇，所以回族大家族特别多，元代赛典赤·瞻思丁家族，在中国传了不少于16大姓。回族单字姓的大家族就更多了。

4. 因官职、教职、民族而得姓。元代大臣“回回人”廉希宪（一说蒙古族，一说维吾尔族）出生时，其父布鲁海穿担任廉访使之职，遂以官职为氏。“火”者，波斯语，意为“显著”或“富”，用作对穆罕默德后裔或学者的尊称，回族火姓可能来源于此。“回回”哈姓与元时对官的称谓——“哈”有关。答姓和尕

阿訇为回族婴儿起经名

姓“回回”与教职称谓“答失蛮”（元时对伊斯兰教经师、学者之称）、“尕最”（明清时宗教法官之称）相联系。迭姓“回回”至少在元、明时还有不少，明代正德年间泉州伊斯兰教人士迭元高等募众重修清真寺。“迭里弥”实是波斯语“苦修者”之意，迭姓“回回”似与此有关。回姓乃回族最显著的姓氏了，可能直接来源于“回回”民族本身，今华北、东北一带回姓回族很多。

5. 避难、避禁忌而得姓或改姓。“回回人”为了反清复明，以“明”为姓，抗议清政府的屠杀政策，今宁夏固原有明家庄，云南明姓也为大姓。更早一些，明朝统治者为了报复泉州蒲寿庚侵宋降元之罪，杀“回回”蒲姓，使泉州蒲姓四处逃避，迁往各地的蒲姓，遂改姓为卜、杨、吴等姓氏。安徽《童氏家谱》记载：1669年，仝朝臣为州武举，仝姓原为童姓。童姓始祖童小桥为清皇太子的御用教师，在传授武术时，不慎误伤皇太子致死，仓皇出逃，改姓仝氏。

安徽寿县城内回族聚族而居，号称“朱半城”。追及祖上明代立有军功，朱元璋赐国姓，分住安徽与山东，后因朱字讳音，为避禁忌遂改姓黑，所以今安徽、山东朱、黑两家“回回”不分；今西北黑姓回族也不在少数。

6. 因地名、数字而得姓。部分杨姓“回回”，祖上原住北京羊角市，随地名姓羊，后改羊为杨姓，现代北京等地仍有羊姓“回回”。回族还有因数字而得姓的，如明代北京牛街礼拜寺的协教（海推布）是由“回回人”八光祚、八继德父子继承担任，八姓乃由数字而得之。

7. 皇帝赐予的姓，后代沿用下来。今江苏六合区的达姓，其祖上是波斯人姆巴拉沙，元初进入中原，因军功赐蒙古姓“达布台”（其第三世），初居浙江，后迁江苏镇江，元代移六合区，子孙世代繁衍，现代著名大阿訇达浦生即达布台的后裔。明代这类例子很多，湖南常德的翦姓，先祖来自西域，因为明初屡立功勋，明太祖朱元璋赐姓“翦”。回族中李、达、答、张、沐、陕、郑、金等姓，大都源出皇帝赐姓。

8. 以国名为氏。唐、宋、元时从中亚一带迁来许多人士，如米姓出自西域米国，在今乌兹别克斯坦共和国撒马尔罕一带；安姓出自安息，在今西亚伊朗高原东北部；石姓来自西域石国（今撒马尔罕一带）。米、安、石姓进入中国后，有一部分融为回族，今西北一带仍可寻到他们的后裔。

9. 汉族等民族融合入回族后出现的汉、蒙古等民族的姓氏，如周、铁、朵、火、脱、妥等。

10. 经名为姓。回民的小孩儿在出生3天或7天之内，请阿訇起经名。伊斯兰教倡导教民坚忍不拔，在逆境中毫不气馁，坚韧已成为回族的性格特征。经名“巴齐尔”（勇敢的人）、“麦克尼”（强壮、坚强）、“盖斯”（坚定的）、“古达麦”（勇气）等。这些具有伊斯兰文化色彩的经名，有的甚至成为回族姓氏的渊源，如回族中的尤、羽、苏、舍、萨、木、穆、买、麦、满、麻、忽、海、艾、宝等不少姓氏，都来源于经名的音译。

西关回民市场
百年老店

第七章
疾风劲草：凝聚多层次的历史动力

回族爱国主义是建立在高度认同中华文化基础上的民族之魂。在发展科技文化、保家卫国中，都有许多光辉灿烂的典范。

爱国、爱教是回族人民的传统，爱国主义是回族经过长期历史锤炼而形成的民族精神。它既是建立在高度认同中华文化基础上的民族之魂，也是建立在本民族特定生产方式之上的立族之本。回族在许多领域为祖国发展做出了巨大的贡献，无论是科技文化上，还是保家卫国上，都能看到许多光辉灿烂的典范。

科学技术

回族先民在同古老的中华文明的交融过程中，以其睿智、勤劳的本色，对伊斯兰科技文化的传播、华夏科技文化的丰富与发展做出了杰出的贡献。

天文学

回族先民来自阿拉伯半岛，将阿拉伯帝国的天文学带入中国，极大地影响和丰富了中国的天文学。

伊斯兰天文学向东方的传播，是从唐代开始的，当时有不少穆斯林移居中国，随之而来的是《九执历》的传入。《新唐书》记载："《九执历》度法六十，周天三百六十度，无余分。"而中国传统历法则以周天为365°。

宋代王朴修撰了《钦天历》，在实际应用中发现有所疏漏，宋太祖命令重新修订。参与修订者中有来自西域的"回回"马依泽，据《怀宁马氏族谱》记载，961年，精通西域历法的西域人马依泽"应召入中国，修天文"。马依泽参与官方主持的《应天历》编撰工作，首次把伊斯兰历法的星期制度引进到中国历法的计算中，为中国和阿拉伯历日之间的换算奠定了基础。

知识链接 《应天历》编成并奉诏颁行后，马依泽父子留居中国，长期在宋王朝的司天监中担任重要职务。其间，他们还把黄道十二宫的方位及太阳入宫日期的推算方法引进中国天文学。庆历年间（1041—1048）的《武经总要》中就应用了黄道十二宫，即今天我们熟悉的十二星座：白羊、金牛、双子、巨蟹、狮子、处女、天秤、天蝎、射手、摩羯、水瓶、双鱼。

元代“回回”天文学家将大批的“回回书籍”和天文仪器从西域带到中国。这些书籍主要是用阿拉伯文或波斯文书写的，内容广泛，其中尤以天文、数学等科技图书为最多。元世祖忽必烈登位后第七年（1270），伊斯兰天文学家札马鲁丁进献西域天文仪器7件，其原名音译、意译、形制用途等载于《元史·天文志》，曾引起中外学者极大的研究兴趣。这些书籍和天文仪器进一步促进了元代中国天文学的发展。1267年，札马鲁丁献出自己制作的7种天文仪器：浑天仪、方位仪、斜纬仪、平纬仪、天球仪、地球仪、观象仪，这在当时世界范围内是最为完备的。“回回”天文学家还编修了较完善的历法，一是札马鲁丁的《万年历》；一是可马剌丁的《回回历》。

知识链接 元代第一次正式颁用的是札马鲁丁依照阿拉伯历法编制的《万年历》。1281年《授时历》颁行天下之前，《万年历》在全国范围内通用了14年。比《万年历》稍后的《回回历》，实际上就是各国穆斯林通用的阿拉伯太阴历，即迄今一直使用着的伊斯兰教历。

1281年，《授时历》取代《万年历》后，《回回历》依然在民间广为流传，仅1328年官府印刷出售的《回回历》就达5 257册之多。科学家郭守敬编制出更先进的《授时历》时，也曾参用了“回回历法”；穆斯林传入中国的《积尺诸家历》48部、《速瓦里可瓦乞必星纂》4部、《海牙剔群历法段数》7部等天文著作，也都成为郭守敬的重要参考资料。《授时历》因而得以颁行360年，比以往任何一代的历法都要精确。

札马鲁丁还参与编修了《大元大一统志》，这是元朝官修地理总志，历时20年始成，共计600册，1 300卷。成书后，藏于秘府，1346年，由杭州刻板。该书继承唐代《元和郡县图志》、宋代《太平寰宇记》《舆地纪胜》等书成例，分为建置沿革、坊郭乡镇、里至、山川、土产、风俗形胜、古迹、宦迹、人物、仙释等门类。内容广泛，包罗详备，是中国古代最大的一部舆地书。

明朝廷也认可回族对天文学的特殊作用，为回回设立了专门的天文机构。1368年，在司天监外，又置“回回司天监”；1370年，改名为“回回钦天监”，下设四科：天文科、漏刻科、大统

《中国回回历法辑丛》书影

历科、“回回历科”。不久在南京的雨花台建成“回回观星台”，作为“回回钦天监”天文工作的附设机构。朝廷在编定《大统历》的过程中，吸收“回回科学家”黑的儿、郑阿里等人先后参加，马哈麻译出了《天文书》，马沙亦黑编译完成了《回回历法》。由于《大统历》存在不足，明廷宣布将《回回历》并入《大统历》，参照使用长达270余年。

清代，回族政治地位较之明代有所下降，但民间对回回天文学的研究仍在继续。顾观光的《回回历解》、洪钧的《天方教历考》等，都有代表性。

医药学

唐代的回族先民，除了经营贵重珠宝类商品外，药材也是他们贩运的重要货物。在长安西市，有胡人开设药行的，魏都街上有大食人“自驾一驴，日药数十斤”，扬州还有胡人用“鲸鱼之精”治疗腹中块病的，陕西沙苑也有大食兵种植药材。回族先民对香药的推广应用做出了贡献，如用香药防治疾病、熏洗衣物、化妆美容、调味食品、祛邪防腐等。当时不仅有香药输入中国，阿拉伯半岛的医疗技术也传入了中国。

五代时，蕃客后裔李珣编纂有《海药本草》，该书之所以用“海药”命名，是因其所收录的药物多来自海外，其中乳香、木香、丁香、没药、血竭、肉豆蔻等，现今均是中药常用药，但当时却主要是由穆斯林商旅带到中国的。在这本医学著作里，引用了数量众多的医学文献，对许多名药的产地、功能、主治都介绍得非常清楚，有些名药还被明朝李时珍的《本草纲目》收录。

宋代，大食商人来中国贸易者日益增多。阿拉伯地区来中国的船队中，药材依然为其中的重要商品。北宋时侨居在沿海通商城市如广州、泉州和杭州等地的“蕃商”中不乏香药巨商与医家，载入史册的福建蒲氏家族是宋代著名香药富商。由于大量香药的引进，大大丰富了中医方药及治疗方法。宋代医方较唐代医方在香药的应用或组方上有明显变化。《太平惠民和剂局方》是宋代官府和剂局的成药配本，书中以香药命名的医方不下30种，其中有不少名方，众所周知的苏合香丸、至宝丹、牛黄清心丸等便是。

知识链接 苏合香丸中15味药中有13味是进口药，至今苏合香丸对于治疗中风所致的神志不清、牙关紧闭、半身不遂等重症有明显疗效。在中医的这一发展过程中，“回回医家”及学者功不可没。

9世纪，阿拉伯——伊斯兰医学曾居于世界医学的领先位置。哲学家、医学家阿维森纳融古希腊医学、印度医学、中国医学、阿拉伯医学与哲学于一炉的巨著——《医典》，成为阿拉伯——伊斯兰医学和欧洲现代医学的奠基人。与他同时代的哲学家兼医学家拉齐，著有《天花与麻疹》，也是一部世界级的医学名著。到12世纪，波斯医学家拉齐斯的10卷医学巨著《综合医学》和阿巴萨德·达维亚的《综合百科全书》问世，更加丰富了伊斯兰医学的内容。这些医书也随着阿拉伯商人传播到了中国。

元代是“回回医药”最兴旺发达的时期。元朝廷先后设立了西域医药司、京师医药院、广惠司、大都（今北京）与上都（今内蒙古自治区正蓝旗东）“回回药物院”及“回回药物局”等6个“回回”医药专门机构。这些机构的创建人是“回回人”爱薛，他是唯一在《元史》中立有传记的“回回医家”。“回回医官”通过共同努力，完成了医学巨著《回回药方》。

知识链接 《回回药方》反映了成书时代中国回医对疾病认识在理论上已较成熟，涉及临床多科，治疗方法也很丰富，特别是一些外治法及其对骨伤科的论治具备了时代的先进性。

另外，元代杰出“回回”医学家萨谦斋不仅传播“回回医药学”，还潜心研究中医，写出了15卷的《瑞竹堂验方》等一些中医名著，这些书主要记载了“回回”医学家在医疗方面的经验。“回回医生”忽思慧还将“回回医药学”与汉、蒙古、女真、维吾尔等民族的医药学和营养学结合起来，写出了《饮膳正要》一书，这是集元朝以前中国营养学研究精华而完成的中国第一部饮食卫生和营养学方面的专著。

除在官府中任职外，还有很多“回回医生”散居中国各地，在民间行医或卖药，如元末明初杭州的穆斯林大商人奥斯曼的子孙曾设立豪华的私人医院，聘有“回回医生”从职。在元人的诗文笔记中，记载着不少赞誉“回回”神医奇药的篇章，足见“回回医药”的影响之广泛。

知识链接 后世回族名医辈出，创造了不少的丹、丸、膏、散等药剂，为广大民众所采用，如元代“回回医生”创制的治疗跌打损伤的金丝膏药，疗效极佳，享誉江南。扬州的夏氏成药，即夏氏大明眼药、止咳饼、神功求剂丸等，自元代以来，即在东海沿海一带久负盛名，北京的王回回膏药和马思远药锭均始于元代，经清直到民国年初，享誉数百年；重庆伍舒芳的膏药丸散西南闻名；嘉靖名官孙继鲁之子孙光毅，精通医术，崇祯年间曾被授予太医院院判之职，后辞官归里，潜心医术。民间诊所也相继开办，著名的有北京“鹤年堂”、云南“万松草堂”、四川“伍舒芳草堂”等。近代的著名回族学者和医生丁竹园，主持和创办了以中医为主的中医研究会，使回回医药学的影响一直持续到当代。

《中国回医良方》书影

回族的医药文化，实际上是继承了古代阿拉伯丰富的医学知识并与中华传统医药学完美结合的产物，它不仅有着科学的医学理论基础，也有丰富的临床医疗实践，至今仍对中国人民的健康和中华医药学的发展有着独特的贡献。

其他科技领域的贡献

军工技术

蒙古西征，导致大量的回族先民以军士、工匠、商人、学者等各种身份进入中国。在蒙古军队征战过程中，回族先民在军事上最杰出的贡献体现于兵器制造，突出地表现在造炮技术上。

蒙古骑兵攻城中采用的“回回炮”在历史上记载颇多，实际上“回回炮”是利用机械原理，设计的一种大型投石机，投出的巨型弹丸，往往能摧毁坚固的城墙和堡垒。元朝时，两位“回

知识链接 **“回回炮”定襄阳** 元世祖忽必烈大举进攻南宋，在襄阳、樊城遭到宋军顽强抵抗。从1268年开始，元军围城5年未能攻克。1271年，元世祖派遣使者到波斯征调“回回炮匠”阿老瓦丁及其弟子亦思马因到京师北京造炮。一年后，“回回炮”制成，所用弹石重达150公斤，以机发射，用力省而射程甚远。在北京试射成功后运往襄阳攻城。后以“回回炮”攻樊城，一举告捷。元军随后移炮襄阳，一炮就射中襄阳谯楼，声震全城。宋守将吕文焕自知不敌，遂纳城归顺元军。相持6年之久的襄樊战役，因“回回炮”的助战宣告结束。

回”制炮专家——阿老瓦丁和亦思马因是其中的造炮典范。

由于“回回炮”在冷兵器时代战争中有无与伦比的杀伤力，元朝廷对“回回炮”手和军匠的训练、组织、管理极为重视。在攻破襄阳的第二年，设立了“回回炮手总管府”。1281年，设置“回回炮手都元帅府”。1285年，改“都元帅府”为“回回炮手军匠上万户府”，品秩为正三品。1323年，派遣“回回炮手”赴河南汝宁、新蔡等地教习炮法。1328年，亦不剌金奉令率所部“回回炮手”军匠至京师，与马哈马沙的“回回炮手”军匠上万户府合并，共同监造“回回炮”。这些事实充分说明，元代“回回炮手”军匠数目可观，规模庞大，在大都（今北京）、南京（今开封）、江南，到处都有“回回炮手”军匠的记录。他们以优秀的制炮技术和实践，填补了当时中国兵器史上的一项空白。

明末崇祯年间，纂修历法的“回回”儒士杨志国与工匠陈万全一起研制了一种新式火器及战车，史载“所造火器中，则飞帘苇为矢，体轻及远，且能陷坚，一人背负而发之，一发四十九支，透甲烧陈，莫可遮拦，又价廉工省，钻眼封喉，人马俱毙”；具有连珠火枪威力，就当时而言，无疑是一种先进的轻型火器。可见最晚到明朝末年，回族匠士已经实现了从石炮向火炮的转换，他们制造的火炮、战车等兵器，技术精良，威力强大，有力地促进了中国兵器制造技术的发展。

近现代史上，涌现了丁拱辰、刘庆恩等爱国兵器制造专家。丁拱辰经历过鸦片战争，深刻感受到振兴军事工业对国家独立和民族解放的重大意义，他弃商从事兵器研究，编著了《演炮图说》《演炮图说后编》《增补则克录》《西洋军人图编》等军事著作，并亲自领导铸炮40门，成为中国近代史上第一位兵器制造专家。四川回族刘庆恩是我国现代兵工学的开创者之一，早年曾参加过刘永福领导的抗击法国侵略者的斗争和辛亥革命，并受孙中山先生的派遣，到德国学习制炮、用炮技术。回国后，他领导兵器研究工作，终于在1915年研制成功了中国第一支自动步枪，还设计出大炮等多种新式武器。

航海技术

阿拉伯人是世界上最善于航海的民族之一。早在唐、宋时代，回族先民就漂洋过海，历经艰险，从西亚来到华夏大地。时至明代，征服海洋的重任又历史地落在“回回人”肩上，这就是举世闻名的郑和下西洋。郑和在1405—1433年间先后统率由百余艘大小帆船和27 000多船员及官兵组成的庞大船队七下西洋，足迹遍及亚非30余国，这是人类历史上第一次由国家组织的大规模走向远洋的空前壮举。航海规模之大、航行船只和人数之多、足迹之广，堪称世界远洋航海的千古绝唱。

知识链接 **郑和**（1371—1435），出身于云南穆斯林世家，祖父、父亲曾先后赴麦加朝觐。明成祖时，赐姓郑，担任内官监太监，后被明宣宗钦封为“三宝太监”。郑和一生建树颇多，最伟大的成就是先后7次受命率领由近3万人和208艘船组成的庞大船队下西洋，经东南亚、印度洋远航亚非地区，最远到达红海和非洲东海岸。航海足迹遍及亚、非30多个国家和地区，航行10万公里，加强了中国同亚洲、非洲国家的联系，成为世界航海史上的先驱。他的航行比哥伦布首航美洲大陆早87年，比达·伽马绕过好望角到达印度早93年，比麦哲伦到达菲律宾早116年。20世纪末他被美国《国家地理》杂志评选为东方唯一的世界航海家。

郑和

在下西洋的船队中，除郑和之外，还有一些回族人，他们也都在这空前的航海事业中做出了很可贵的贡献。马欢，字宗道，浙江会稽人，因才干优裕，通晓阿拉伯语，以通译番书的身份，先后参加了第四、六、七次远航。马欢是位有心人，在静波浩渺、历涉诸邦时，注意采摭各式各样人物之丑美、壤俗之异同、土产之别、疆域之制，编次成帙，名曰《瀛涯胜览》。该书共计18篇，记述了占城、爪哇等19国，为这几次远航留下了珍贵的文字资料。《瀛涯胜览》记载，郑和第七次下西洋时，曾选懂阿拉伯语的7个通事，带麝香、瓷器等物到麦加，往返一年，带回各种奇货异宝，并画了一幅《天堂图》。这事实上是组成了一支中国穆斯林的朝觐团，他们携带回京的《天堂图》真本，恐怕是我国最早的一份麦加天房画图了。

唐、宋时，中国在对外交往过程中，自身造船水平也不断提高，到唐末以后，中国海船的水平已经超越了外国。宋、元时期，中国海船更是蜚声中外，几乎垄断了中国到南洋之间的航线。要进一步征服海洋，不仅要有能够扬帆万里的大船，更重要的是要具备先进的航海技术。在郑和下西洋中，航海者已经非常准确地掌握了季风规律，并利用季风的更换规律进行航海。在定向定位技术上，除了应用指南针外，元明时期人们已经较熟练地掌握了航海天文学，并应用牵星术来观测船舶的方位。

知识链接 **牵星术** 是以“星高低为准”，通过测量方位星的高低位置，来计算船舶与陆地的距离远近和方向，从而确定船舶的位置和航向。

此外，航海者已经掌握了深水测量技术，可以测水深70丈（约233米）以上。元代的“回回人”传承着唐宋时代阿拉伯人的航海技术，如《元秘书监志》记载，航海的“回回”们掌握有“回回文”（阿拉伯文）的“回回针经”，即海道针经，或可称为航海指南，说明元代“回回人”较高水平的航海技术对郑和下西洋有着直接的技术支撑。

商贸经济

回族具有重视商业和尊崇商人的价值观，积累了经商的本领和经验，形成了许多世代传承的经商传统。从历史上看，回族先民早在唐、宋时期就由阿拉伯、波斯等地来到中国经商。元代以后，回族人虽然拥有了土地，但他们并没有单一在土地上做文章，而是坚持农商兼顾。城镇回民一般都以商为主，靠商生活，“无回不商，无商不苦，终年劳碌，人席不暖”是对回族商业经济生活的真实写照。时至今日，回民在全国各地的流通领域仍很

回族传统商业市场

活跃，如甘肃临夏，宁夏同心、吴忠以及陕西、新疆、山东、河南、河北、青海、云南等回民集中的地方，回族成为当地市场经济发展的先行者。

唐、宋回族先民中的“蕃商”客居中国，进行“贡赐贸易”，经营收入丰厚（“蕃客”中的波斯商人，当时就被称之为“富波斯”）。由唐及宋，是回族先民构成的回商在中华土地上的第一个黄金发展时期。回族先民在唐、宋时期进入中国时，较多的是来自阿拉伯、波斯的商人。1 300多年来，中国各地回族同胞的商贸活动持续不断，经历了兴旺发达——中途衰落——重新发展的过程。这种过程，伴随着历代回族人社会地位的升降而变化。

唐代穆斯林商人入华后，在中国受到统治阶级最高礼遇，社会地位较高。因为当时的穆斯林商人多以“贡赐”为名而行贸易之实。中国皇帝每每见到“泱泱大国，四方来朝”的壮观场面时便龙颜大悦，非常慷慨地以二三倍甚至于更高倍礼物“回赐”，西域阿拉伯、波斯以及中亚国家的穆斯林商人得此恩惠后更乐此不疲，不少人甚至留居中国不归。

宋代，“蕃客”及其后裔依旧备受朝廷关照，“蕃客”的社会地位仍然很高。通过海上丝绸之路来华的穆斯林商人更多，当时宋朝设市舶司，专门负责对外（海上）贸易之事。中外穆斯林商人以海上贸易往来方式等缴纳“关税”“例献”，给中央王朝带来了滚滚财源，甚至于南宋王朝后来偏居东南一隅时，这一部分收入构成当时重要的税赋来源。南宋时期，当时的泉州为最大最繁忙的外贸港口，长期由“回回人”掌管。

元时，朝廷将百姓分为四等，色目人低于蒙古人，但仍然高于汉人与南人。因此，元代成为那些理财好手、经商高手的穆斯林商人的第二个黄金发展时期。归顺元朝后担任福建行中书左丞的香料富商蒲寿庚，以及其后继任泉州市舶司“回回”的乌马儿，这两位“回回”财政高官，管理有方，为增加朝廷的财政收入立下了汗马功劳。

明、清之后，回族的社会地位降低，但商业仍很发达。西北一些大中城市如今西安、兰州、西宁、乌鲁木齐、银川等地回族商业蓬蓬勃勃。西安以食品、牛羊肉、饭店商为多；兰州、西宁、河州、银川多皮毛商、百货商；乌鲁木齐则多玉石、盐米商。西北回族商业不但活跃了当地市场，而且还沟通和强化了内地与藏区的经济联系。清朝同治时期，回民大起义在遭到统治阶级的残酷镇压后，许多回族的身家财产皆被籍没，回族商业一度陷入低谷。

民国时期，回族商业迎来了一个“黄金期”。一方面，传统的小商小贩、牛羊屠宰、饮食、医药、珠宝等行业仍在持续发展；另一方面，回族商业已突破传统经济的束缚，经营活动领域几乎拓展到商业的各个部门。近代资本主义性质的商业企业在回族中已经出现并得到初步发展，出

古尔邦节上销售民族食品

沈阳西关回民市场

现了一些大型商业企业，如武汉武昌、南京新奇芳阁茶社、镇江中国国货公司、恒源昌商号等。

20世纪80年代以后，中国步入经济快速发展的阶段，回族企业和回族商人群体率先投入市场经济大潮，成为经济领域中一支活跃、积极的力量。新一代回商的经营模式、经营的行业门类、经营的理念也都在不断发生变化。从过去主要限于小商小贩类的清真小吃，发展到乳品、肉类、皮革、绒毛、医药等的购销、运输、加工、进出口贸易，甚至于拓展到金融、房地产等领域，经营规模也越来越大。以羊绒业为例，如今在我国羊绒产业界，流行着这样一句话：世界羊绒看中国，中国羊绒看宁夏，宁夏羊绒看灵武。我国羊绒占世界羊绒产量的50%，而宁夏年加工占全国总量的50%左右。世界上每生产10件顶级羊绒产品，就有7件的原料来自回商的羊绒生产基地。

在三江流域的藏东昌都，这条被称为茶马古道的贸易之路，

知识链接 **回族商业理念** 以义致利，诚信第一；善抓机遇，勇于决断；吃苦耐劳，珍视声誉；互通信息，群体经营等。

甘肃、宁夏回族商人一直活跃在其中。餐饮、副食、皮毛、虫草医药等，各类生意中都能看到回族商人的身影。昌都有近万名回族商人，主要从事虫草交易和收购牛羊皮生意。

保家爱国

回族在形成和发展中的千百年历史长河中，与各民族一道，为国家的统一和振兴，为中华民族的复兴，做出了巨大贡献。

近代反侵略斗争

在第一次鸦片战争中，马辰在官涌、东涌和攀石洋战役中，奋力剿防，屡建奇功，深得林则徐的称赞。郑国鸿以浙江处州镇总兵调防镇海，与其他官兵数次击退英军，与敌人血战6昼夜，身创数十处，壮烈牺牲，道光帝“览奏，为之坠泪”。在第二鸦片战争中，沙元春以天津镇标右营游击率领士兵进行大沽口保卫战，他身先士卒，亲燃巨炮，痛击敌舰，击伤敌军百余人，后为敌方炮弹击中，英勇就义。1894年，在中日甲午战争中，回族将领左宝贵以身殉国。当八国联军攻陷大沽口炮台，占领天津，长驱直入，直逼中国的心脏北京时，清记名总兵马福禄率领甘军开赴廊坊参加了“庚子之役第一恶战”，百余名回族将士以自己的

▲ 朝鲜平壤玄武门

知识链接 **左宝贵**（1837—1894），清末著名爱国将领，字冠廷，山东费县地方镇（今属平邑县）人。父母早丧，孤无所依。1856年，带着两弟左宝贤、左宝清应募从军。一次战斗中，旗兵中炮死，他持帜冲锋，战斗大胜，从此知名，积功累晋至建威将军。1875年，率部随刑部尚书崇实到奉天、吉林两省查办事件，驻防沈阳。甲午年，朝鲜事急。清廷令左宝贵率兵入朝，进驻平壤。同年九月平壤保卫战打响，左宝贵率奉军防守平壤北面的牡丹台、玄武门一线，激战中不幸中炮牺牲。左宝贵是甲午战争中清军高级将领血战沙场、壮烈殉国的第一人。

◀ 左宝贵

血肉之躯给侵略者以重创。马福禄在敌我力量悬殊的情况下，也决不退缩，指挥官兵誓死捍卫京城，最后和他的族弟马福贵、马福全、侄子马耀图等血洒正阳门，全部为国捐躯。

清末，目睹国家瓜分豆剖的危难局势，36位留学日本的中国回族学生，从历史责任感出发，于1908年共同创办了《醒回篇》，文中虽倡言改革教育，实则呼吁拯救国家危亡。在辛亥革命中，大批回族志士除加入同盟会外，还积极投身起义队伍，如辛亥武昌首义中，马骥云、沙金海、马祖全位列甲等有功人员序列。

马骏与五四运动

五四时期，爱国的回族青年也纷纷振臂呐喊，马骏、郭隆真、刘清扬皆是其中的佼佼者。马骏以其卓越的组织才能和雄辩的口才被推选为天津学生联合会副会长、天津各界联合会负责人，他组织、领导天津的罢市、罢课运动，并作为天津代表赴京参加新华门总统府前的请愿，当面义责徐世昌，迫使北洋政府接受代表们的要求，拒绝签署丧权辱国的《巴黎和约》。

▲
马骏

知识链接 **马骏** （1895—1928），字逾泉，号天安，吉林宁安（今黑龙江省牡丹江市宁安市）人，回族，革命烈士。1919年参加五四运动，当选为天津学生联合会副会长兼执行部长。同年9月，马骏随同周恩来、邓颖超等人一同发起成立觉悟社。1922年，受命前往哈尔滨等地秘密开展活动，负责在东北发展中共组织。1924年，被派往苏联莫斯科中山大学留学，留学期间曾负责中山大学的党务工作。1927年，奉调回国，任中共北京市委书记，12月3日在北京被捕，1928年2月英勇就义。

马骏墓 ▶

马麒“艳电”

19世纪末20世纪初，英帝国图谋蚕食西藏，试图用各种卑鄙手段侵占我国领土，1913年10月—1914年7月，在北洋政府、西藏地方政府、英国三方代表参加的印度西姆拉会议上，英国代表唆使西藏代表首次公然提出“西藏独立”，并强调西藏包括青海南部等大片西藏之外的区域，丧权辱国的《西姆拉条约》随即出笼，袁世凯称帝心切，为急于获得英国等列强的外交承认，在国家主权问题上态度暧昧。当时的“甘边宁海镇守使”兼“青海蒙番宣慰使”马麒在事关西藏前途和国家主权的问题上，与北洋政府妥协退让的卖国行为进行了针锋相对的斗争，发出了震撼人心的“艳电”，指出“西藏本中国属土，吾国苟有一息生气，所有划界会议，应从根本否定。此约一签，终古难复，大好河山，一笔断送，凡属五族，谁不解体？事关国事存亡，此而不言，将使他族谓中国无人，麒实耻之，麒实愤之！是以披肝沥胆，沥血以告”。马麒“艳电”严斥了政府的怯懦退让行为，遏制了西藏上层亲英集团的分离倾向，挫败了英帝国主义分裂中国的阴谋，为维护国家统一和主权立了一大功。

积极参加抗日斗争

抗日战争期间，国共两党同赴国难，隶属于不同党派阵营中的回族志士，在抗击日本帝国主义的侵略中，纷纷用热血抒写了爱国篇章。在敌后战场和正面战场上，都建立了不朽的功勋。

▲ 马本斋

知识链接 **马本斋**（1901—1944），原名马守清，共产党员，河北献县人。早年投身奉军（东北军），入“东北讲武堂”学习，在奉军中一路从士兵升任团长。1931年九一八事变后，因不满政府的不抵抗政策弃官还乡。全面抗战爆发后，组建了回民抗日武装——回民义勇队，在八路军的帮助下改名为冀中游击军回民教导队。1938年7月，回民教导队和吕正操组织的冀中军区回民干部教导队合编为回民干部教导总队，马本斋任总队长，在冀中平原上，给予日伪军以沉重的打击。八路军冀中军区通报嘉奖马本斋，并授予回民总队“攻无不克，坚而不摧，打不垮，拖不烂的铁军”的锦旗。日伪抓捕了马本斋的母亲，力图劝降马本斋。其母不屈，绝食而亡。马本斋积劳成疾，于1944年2月7日在山东莘县不幸逝世，终年43岁。

◀ 马本斋墓

第八章
凝心聚力：守望相助的社团组织

伊斯兰协会在沟通回族和其他民族关系中，起到连接的纽带。著名的经学院是教育、培养神职人才的摇篮。

中国伊斯兰教协会

中国伊斯兰教协会，英文名称为“China Islamic Association”，它是中国各民族穆斯林的全国性宗教团体。1952年7月，由穆斯林知名人士包尔汉·沙希迪、刘格平、赛福鼎·艾则孜、杨静仁、达浦生、马坚、庞士谦、马玉槐等在北京发起筹备，翌年5月11日成立中国伊斯兰教协会（简称协会），会址设于北京。这是我国历史上第一个空前统一的全国性伊斯兰教组织，它的成立标志着实现了中国各族穆斯林的大团结，为党和政府与各族穆斯林之间架起了沟通的桥梁。协会成立60多年来已召开过9次全国代表会议，历届会长分别是：包尔汉·沙希迪、穆罕默德·阿里·张杰、伊里亚斯·沈遐熙、萨利哈·安士伟，现任会长是希拉伦丁·陈广元。

中国伊斯兰教协会标识

协会宗旨：团结和带领全国各民族穆斯林拥护中国共产党的领导和社会主义制度，遵守国家法律法规，走伊斯兰教与社会主义社会相适应的道路。弘扬伊斯兰教爱国、爱教优良传统，践行敬主爱人，倡导两世吉庆，秉持和平中道思想，坚持独立自主自办原则，维护宗教和睦、民族团结、社会稳定、祖国统一和世界和平，为促进经济社会发展，构建和谐社会做出贡献。

协会主要业务和工作任务：1. 在邓小平理论和“三个代表”重要思想的指引下，贯彻落实科学发展观，带领和推动各民族穆斯林积极参加社会主义物质文明、政治文明、精神文明和生态文明建设，为国家稳定发展大局服务；2. 协助政府宣传贯彻我国的宗教信仰自由政策，代表全国各民族穆斯林的合法权益，发挥桥梁纽带作用；3. 在宪法、法律、法规和政策规定的范围内举办各项伊斯兰事业，开展伊斯兰教务活动；4. 做好解经工作，开展伊斯兰教经学思想建设，对穆斯林群众关心的宗教问题，依据伊斯兰教基本精神，做出符合社会发展和时代进步的阐释；5. 举办伊斯兰教教育，培养伊斯兰教教职人才；6. 发掘、整理伊斯兰教的优良历史文化遗产，开展伊斯兰学术文化研究，编译、出版经籍书刊；7. 建立、健全伊斯兰教内部的各项管理规章制度；8. 指导各地伊斯兰教协会开展工作；9. 促进各地伊斯兰教协会和清真寺兴办利国利民、服务社会的公益和自养事业；10. 负责组织全国各民族穆斯林赴圣地麦加履行朝觐功课；11. 开展同各国穆斯林和伊斯兰教组织的友好往来，增进交流与合作。

协会下设职能机构有办公室、教务部、国际部、解经工作办公室、朝觐工作办公室、伊斯兰文化研究部、《中国穆斯林》编辑部等业务工作部门，并视工作需要增设相应部门或机构。

随着形势的发展，协会的工作有了新的拓展。1996年在北京召开的“全国伊协秘书长联席会议”，突出强调了加强伊斯兰教协会组织自身建设，努力使伊斯兰教与社会主义社会相适应的问题。并发起开展创建模范清真寺活动。1998年召开的六届三次常委会议，就如何办好伊斯兰教经学院，加紧培养跨世纪伊斯兰教专门人才等有关伊斯兰教育的问题，进行了认真的研究和讨论，并形成了一致的意见。协会定期召开全国《古兰经》朗诵比赛和“卧尔兹”演讲比赛，由全国各地清真寺推选选手前来北京参赛。比赛中的优秀者被推选参加在沙特、埃及、马来西亚等国举行的国际《古兰经》诵读比赛。协会通过这两项赛事推动了我国伊斯兰教务和文化事业的发展，加强了与世界各国穆斯林的文化交流。

协会为了加强同全国各族穆斯林的联系，指导各地伊斯兰教协会的教务工作，与全国各省、市、自治区、自治州、县的伊斯兰教协会建立了广泛的联系。协会经常派工作人员到各地了解情况，帮助他们解决一些与穆斯林宗教生活相关的问题。据统计，全国各地伊斯兰教协会有500多个，工作人员逾万人，他们坚持全心全意为穆斯林服务的宗旨，积极热情地开展工作。

中国著名的伊斯兰教经学院

中国伊斯兰教经学院

1955年，中国伊斯兰教经学院成立，它是中国伊斯兰教协会主办的全国性伊斯兰教高等专业学校。该院主楼建筑形式有浓郁的阿拉伯建筑艺术特点。在楼层的顶端建有1大、4小共5个绿色圆包，中间大圆顶象征着圆际天穹，4个小绿包象征东西南北、四方归一，大绿圆顶顶部镶有一弯新月，高悬在距离地面32.25米以上，为伊斯兰教的象征。该院致力培养热爱社会主义祖国、拥护社会主义制度、具有较高伊斯兰教学识和阿拉伯语、汉语文化水平的伊斯兰教专业人才。招生对象为具有高中文化程度、立志从事伊斯兰教事业、年龄在18～25周岁、已入清真寺学习的男性穆斯林青年。面向全国定向招生，学制4年。学生毕业后主要

中国伊斯兰教经学院

担任各地清真寺阿訇或从事伊斯兰教事务及教学、研究工作。该院实行多层次办学，除本科班外，还举办大专班、在职阿訇进修班、研究班和留学生补习班等。学院还陆续选派学生到埃及、利比亚、巴基斯坦等国留学深造。还选派学生参加伊斯兰国家举办的《古兰经》诵读比赛会，每年选派优秀学生赴麦加进行朝觐，在国际友好交往中，该院先后接待了许多伊斯兰国家访华的专家、学者和知名人士。

北京伊斯兰教经学院

1985年10月，经北京市人民政府批准，北京市伊斯兰教经学院成立，该校前身是北京市伊斯兰教协会1982年创办的北京市伊斯兰教经学班。1986年4月21日，北京市伊斯兰教经学院在东四清真寺正式成立。1986年12月，北京市人民政府接受沙特阿拉伯伊斯兰发展银行提供资金90余万美元，在原天桥清真寺旧址兴建北京市伊斯兰教经学院。新兴建的经学院校舍总建筑面积6 500平方米，由教学楼、礼拜殿、沐浴室、宿舍、餐厅、图书馆、会议室及其他功能用房组成的建筑群体，其建筑形式体现了中国与阿拉伯建筑风格的结合。1994年11月15日，北京市伊斯兰教经学院工程竣工并恢复招生教学。

北京市伊斯兰教经学院办学宗旨：培养党和政府信赖、穆斯林群众欢迎、伊斯兰教事业健康发展需要、有较高伊斯兰教学识、爱国爱教、立志献身伊斯兰教事业的高素质教职人才。协助党和政府贯彻执行党的宗教工作基本方针，促进维护社会和宗教的和谐稳定，培养德才兼备的伊斯兰教接班人。

沈阳伊斯兰教经学院

沈阳伊斯兰教经学院

1982年，经国务院批准（国办发［1982］60号）、1983年于沈阳创办的一所大区性宗教院校。由辽宁、吉林、黑龙江3省伊斯兰教协会联办，辽宁省伊斯兰教协会主办，政府宗教部门进行行政领导和资助的地方性宗教院校。

学院办学宗旨：培养和造就一支热爱祖国，接受党和政府领导，坚定走社会主义道路，维护祖国统一和民族团结，有较高宗教学识并立志从事伊斯兰教事业的宗教教职人员队伍。

宁夏伊斯兰教经学院

中国地区性的伊斯兰教高等学校，由宁夏回族自治区伊斯兰教协会于1985年举办。校址原设银川市西关清真寺，1988年初迁至银川市西门桥西塊新校舍。学院旨在培养爱国爱教、德才兼备、遵纪守法，既具有较高的经学水平和汉语文化素养，又恪守伊斯兰教功修，遵从伊斯兰教信仰的高级宗教职业者。它还将有计划地组织宁夏著名伊斯兰教学者和资深“伊玛目”（阿訇），系统地研究伊斯兰教和《古兰经》，培养伊斯兰教高级专业人才。

学院设计规模为8个班，其中4个本科班、3个专科班、1个在职阿訇进修班。自建院至今已培养出一批宗教界人才到全区各市（县）民族、宗教、伊协部门及清真寺工作或被聘为开学阿訇。同时学院也吸引了国内外，穆斯林代表团和宗教界、学术界著名人士前来参观考察、访问和进行伊斯兰教学术交流，在国内外产生了巨大影响。

宁夏伊斯兰教经学院

昆明伊斯兰教经学院

根据国务院（国办发［1982］60号）文件精神筹建，经云南省人民政府（云政函［1984］285号）文件批准开办的，于1987年10月正式招生，是面向云南、贵州、四川、重庆3省1市近百万回族穆斯林招生的宗教院校。学院有本科班，还负责云南省阿訇培训的工作。毕业学生有很多在各地清真寺任教，也有的在民族、宗教、统战、政协、电台等部门工作，受到穆斯林群众及社会的好评。

郑州伊斯兰教经学院

根据国务院办公厅（国办发［1982］60号）和河南省人民政府（豫政［1983］8号）文件精神批准，于1985年开办的大区性宗教院校。该院位于郑州市金水区博颂路9号，占地面积17.18亩，建筑面积7 000平方米。2002年，经国家宗教局批准，升格为5年制学历本科。

郑州伊斯兰教经学院

青海伊斯兰教经学院

经青海省政府批准，于1985年3月成立，设办公室和教务科，分别负责日常行政事务和教学工作。学院分5年制本科班、3

▲

青海伊斯兰教经学院

年制大专班，以及阿訇进修班、阿訇研讨班等学习层次。经学院作为培养爱国爱教宗教教职人员的重要基地，先后有近千人参加了培训学习，绝大多数成为宗教活动场所的重要教职人员和管理人员，有些成为各级人大代表、政协委员和伊协负责人。在"5·12""4·14"地震中，积极发动和组织穆斯林群众踊跃捐款捐物，奉献爱心。

兰州伊斯兰教经学院

经国务院和中共甘肃省委批准于1984年创办的高等宗教院校。2008年，加挂"甘肃省伊斯兰教教职人员培训中心"的牌子。学院开展全日制本科、大专及在职阿訇函授学历教育3种类型的教学活动。学院在开展本、专科学制学历教育的同时，承办省委统战部、省宗教局、省伊斯兰教协会等部门举办的多期中青年阿訇培训班，数百名阿訇得到了系统的培训，发挥了培养教育伊斯兰教教职人员的主渠道、主阵地作用。

新疆维吾尔自治区伊斯兰教经学院

经国务院办公厅和新疆维吾尔自治区党委、自治区人民政府批准建立的一所宗教高等学院，也是全国唯一用维吾尔语授课的伊斯兰教经学院。1983 年开始筹建，1987 年竣工。经学院本科班课程根据国家宗教事务局和自治区统战部、政府宗教局的安排意见和原则，按照“三七开”的比例开设文化课和宗教课。该学院占地面积 31 545 平方米，建筑面积 17 800 平方米。

新疆维吾尔自治区伊斯兰教经学院

道法

第九章
群星璀璨：时代节点的回族精英

回族精英，璀璨闪光。自古代延至现代，他们在各领域做出了卓越的功绩，为我们树立起一座座丰碑。

回族精英，代不乏人。《古今回族名人》一书中收录的回族名人范围是从“回回人”登记入户的元朝延至新中国，总数百余人。本书仅选取时代变迁关键节点对后世影响较大的回族人物。

古代名人

李珣

李珣，五代词人，前蜀梓州（今四川三台）人，生卒年不详，约唐昭宗乾宁中前后在世。李珣祖籍波斯，其先祖隋时来华，唐初随国姓改姓“李”，安史之乱时入蜀，定居梓州，人称“蜀中土生波斯”。李珣兄妹可考者3人，珣为长兄。少有时名，所吟诗句，往往动人。其妹李舜弦为蜀主王衍昭仪。其弟李玹，字延仪，人称李四郎，喜游历，好摄生，尤以炼制丹药为趣，倾家之产不计，以鬻香药为业，曾为王衍的太子率官。蜀亡，遂亦不仕他姓。珣著有《琼瑶集》，已佚，今存词54首，多为优秀之作。

李珣

南乡子

相见处，晚晴天，刺桐花下越台前。暗里回眸深属意，遗双翠，骑象背人先过水。

米芾

米芾（1051—1107），北宋书法家、画家、书画理论家，初名黻，后改芾，字元章，号襄阳居士、海岳山人等。祖籍山西太原，后迁居湖北襄阳，长期居润州（今江苏镇江）。米芾的

米芾书法——道法参天地

五世祖是宋初勋臣米信，高祖、曾祖以上多为武职官吏，其父名佐，字光辅，官至武卫将军。其母阎氏，曾为宋英宗赵曙皇后高氏的乳娘。米芾曾任校书郎、书画博士、礼部员外郎。善诗，工书法，擅篆、隶、楷、行、草等书体，长于临摹古人书法，达到乱真程度。综合大家，自成一体。其书法体势展拓，笔致浑厚爽劲，自谓“刷字”，意指其作书行笔方法与前人不同。与苏轼、黄庭坚、蔡襄并称宋代四大书法家。其绘画擅长枯木竹石，尤工水墨山水，人称米氏云山。传世墨迹有《向太后挽辞》《蜀素帖》《苕溪诗帖》《拜中岳命帖》《虹县诗卷》《草书九帖》《多景楼诗帖》等，其书画理论见于所著《书史》《画史》《宝章待访录》等书中。

米芾书法石碑

蒲寿庚

蒲寿庚（1205—1290），又称蒲受畊，号海云，宋末元初人，为宋、元时期著名穆斯林富商、政治家、军事家。先辈系10世纪之前定居占城（越南）的西域商人。约11世纪移居广州，经营商舶，成为首屈一指的富豪，为宋、元时期“蕃客回回”的代表人物，任职福建省泉州市舶司30年。宋、元之际，弃宋降元，使泉州港免遭战火毁灭，为泉州港在元代成为世界最大的商港之一奠定了基础，也为泉州伊斯兰教黄金时代的到来创造了有利条件。蒲寿庚的另一贡献是促成元世祖忽必烈对妈祖的加封。

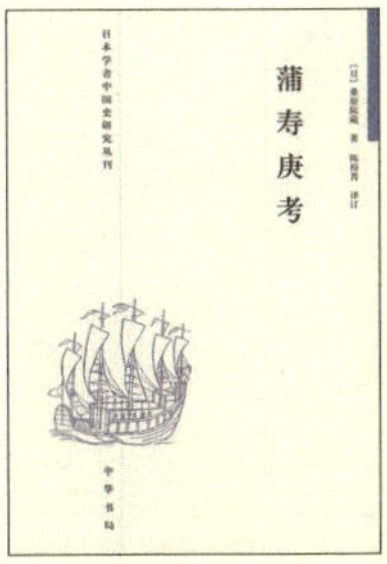

《蒲寿庚考》书影

赛典赤·赡思丁

赛典赤·赡思丁（1211—1279），元代著名政治家。曾任中书

赛典赤·赡思丁

省平章政事，统理财政，曾兼理发行中统交钞，是历史上首次发行较为正规的纸币。1264年，出任陕西、四川行尚书省平章政事，任职陕西3年，政绩斐然。1274年，出任云南行省平章政事，为云南设立行省的第一任行政长官。任职期间，改革行政体制，设置郡县，兴利除弊，深得民众拥戴。1279年，逝于任上。被追封为“上柱国、咸阳王”。

赛典赤·赡思丁墓

萨都剌

萨都剌（1272—1355），又称萨都拉，先世为西域人。酷爱文学，善绘画，精书法，有“虎卧龙跳之才”，1306年，弃商转入文学创作。1327年后，以三甲进士及第，先后任职京口（今江苏镇江）录事司达鲁花赤、江南行台“回回掾史”、闽海廉访司知事、河北廉访经历等。一生经历元世祖到元惠宗（顺帝）11朝，历80余年，创作极为丰富。有诗780余首、词14首，其著述多有体现民间疾苦之作，代表作有《寒夜闻

萨都剌

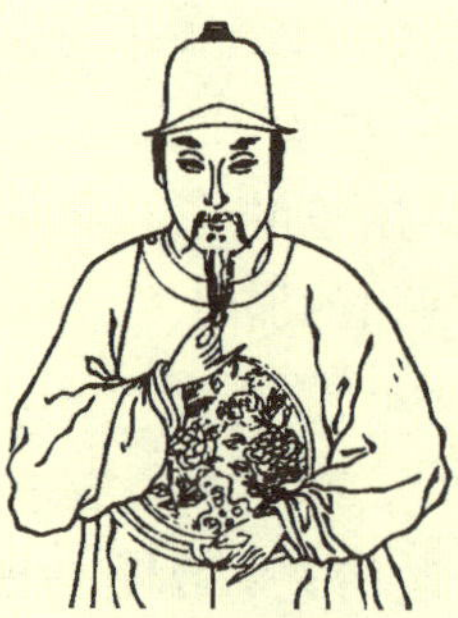

角》《鬻女谣》《征妇怨》等。擅书画。今存《严陵钓台图》《梅雀》《雁门集》。

《上京即事五首》（其三）

牛羊散漫落日下，
野草生香乳酪甜。
卷地朔风沙似雪，
家家行帐下毡帘。

萨都剌作品

亦黑迭儿丁

亦黑迭儿丁（？—1312），又译“黑迭儿丁”，元朝著名的建筑师。1260年，元世祖任命他掌管“茶迭儿”（蒙古语“庐帐”之意）局，1264年，修琼华岛（在今北海公园内）。1267年，与光禄大夫刘秉忠等执掌修建元大都。1271年授嘉议大夫、茶迭儿局诸色人匠总管府达鲁花赤，主持修筑大都宫殿，灵活运用中国古代建筑成就兼吸收藏传佛教、伊斯兰教和蒙古族建筑风格，奠定了明清及现代北京城的基础。

海瑞

海瑞（1514—1587），明代著名政治家，字汝贤、国开，自号刚峰，从教时被称为海笔架，后人称其为“海青天”，与宋代包拯齐名。祖上从福建晋江坡边迁居海南琼山海厝。自幼攻读诗书经传，博学多才，1549年中举。初任福建南平教谕，后升浙江淳安和兴国州判官（今湖北阳新）。他推行清丈、平赋税，并屡平冤假错案，打击贪官污吏，深得民心。1565年，曾上书批评世宗迷信巫术、生活奢华、不理朝政等弊端。触怒世宗，诏命下狱论死，世宗驾崩

海瑞

得免。1569年，调升右佥都御史，他深受百姓的爱戴。后被革职闲居16年之久。

麻贵

麻贵，生卒年不详，明朝著名将领。大同右卫（今山西朔州右玉县）人。宣府副总兵麻禄之子。麻贵积功升至都指挥佥事，并充宣府游击将军。隆庆年间，担任大同新平堡参将。蒙古鞑靼部入侵边城，山阴、怀仁、应州相继被攻陷，只有右卫城在麻贵与其兄麻锦带领军民合力据守下得以保全，麻贵授大同副总兵，历任宁夏总兵、大同总兵。1597年，丰臣秀吉发动了第二次侵朝战争，明朝廷任命麻贵为备倭总兵官赴朝作战，升为右都督。去世后朝廷命赐祭葬，并在诏书中称他为“一时良将”。《明史》中称赞：“将门有将，诸人得无愧乎。”

王岱舆

王岱舆（1570—1670），中国伊斯兰教学者，自号真回老人。先世为西域“回回人”，明代洪武年间随贡使赴金陵（今南京），任职钦天监，世代相袭，以金陵为籍。毕生致力于伊斯兰教经籍的研究与译著，阐释伊斯兰教的义理，批驳“理气空无之论”。他是中国伊斯兰教史上第一个“以中土之汉文，展天方之奥义”的学者。他将伊斯兰教教义与中国传统文化主要是宋明理学相结合，阐明了伊斯兰教的本体论、宇宙论、认识论，为建立中国伊斯兰教哲学与教义学的框架奠定了理论基础。后世学者称赞“盖自正教入华以来，一人而已”。晚年寓居北京，在正阳门外讲经，殁后葬于北京三里河清真寺附属墓地。主要译著有《正教真诠》《清真大学》《希真正答》。

刘智

刘智（1660—1730），字介廉，别号一斋，生于南京伊斯兰教经师之家。12岁随袁汝琦学习阿拉伯经文经籍。15岁起即在家中开始读书生涯，凡儒家的经、史、子、集，佛家的《释藏》，道家的《道藏》，无所不读，终于学贯四教——儒、佛、道与伊斯兰教，成为一代鸿儒。30岁离家在南京清凉山麓建庐独居，开始以儒诠经。著述的著作达数十种，其中以《天方性理》与《天方典礼》等哲学、心理学著作名世，后者还被收入《四库全书》存目。他还融合了儒、道、佛的理论，伊斯兰教义及阿拉伯医学的大脑解剖知识，中医的经络学说和西方的自然科学知识，对于“大世界”（宇宙或物质世界）和“小世界”（心理或精神世界）的产生与发展做了详尽阐发，提出了大脑知觉与功能定位的思想。这一理论比之于国外相关的大脑皮层机能定位的观点要早200年左右，他是世界上第一个思考大脑功能定位的思想家。

刘智墓

近现代名人

萨镇冰

萨镇冰（1859—1952），字鼎铭，海军上将，出身于著名的福州色目人萨氏家族，中国近代著名的海军将领，先后担任过清朝海军统制（总司令）、民国海军总长等重要军职，还曾代理过国务总理。他在担任清朝北洋海军副统领（副司令）时，创建了烟台海军学校。萨镇冰经历了清末、民国与解放初期的各个历史时期，是中国海军史上一位卓越的人物。

萨镇冰

丁竹园

丁竹园（1869-1935），名国瑞，字子良，号竹园，北京人。丁竹园在中医领域造诣颇深，精通内科、妇科和儿科。他在天津医药界享有很高的声誉，曾创办“敬慎医室”。丁竹园在不断探求和总结实践经验的基础上，研制了“丁制坤顺丹”“舒肝平安丸”等十多种中成药，并著有《说疫》《沧痢捷要》等医学专著，为医药事业的发展做出了贡献。

萨师俊

萨师俊

萨师俊（1896—1938），字翼仲，是中华民国海军军官，生于清朝福建省福州府闽县（今福州市市区）的雁门萨氏家族，以中华民国海军中校军衔担任中山舰舰长，1938年10月24日在指挥中山舰参加中国抗日战争的武汉会战时阵亡于长江江面上，是抗战中阵亡军衔最高的中华民国海军军官，后被追授海军上校军衔，进灵中华民国忠烈祠，中国国民党和共产党两方都对其赞誉有加。

达浦生

达浦生（1874—1965），原名风轩，字浦生，经名奴尔·穆罕默德。出生于江苏六合区，始祖姆巴勒沙，原系波斯人，于元代迁入中国。至第三代祖先，从元世祖转战有功，被世祖赐以蒙古名“达布台”，此后即以“达”为姓，其后裔3支分别定居江苏镇江、六合及安徽寿县。六合一支为阿訇世家，故江南达姓回民，均出一系。他是辛亥革命以来我国内地回族穆斯林中享有盛名的四大阿訇之一。1937年12月29日，只身出国，前往伊斯兰世界国家宣传中国的抗日斗争。1956年，担任周恩来总理的顾问，赴印度尼西亚参加万隆亚非会议。

◀ 达浦生

丁宝臣

丁宝臣（1876—1913），名国珍，字宝臣，经名萨利赫，以字行。清末民初著名社会评论家、爱国报人。祖籍绍兴，生在北京。1906年11月16日，在王子贞、杨曼青等的支持下，丁宝臣在北京创办《正宗爱国报》，该报以唤起人们“合四万万人为一心”，“让黄脸面、黑头发”的中国各族人民“痛痒相关，爱国如命，保卫中华……万万年”为宗旨，是迄今为止我们所能见到的近代最早由回族人主持的报纸，它出版近7年计2 363期，发行最多时至4万份，是当时继《京华日报》停刊后，影响最大、所办时间最长的报章之一。1913年7月28日，该报因揭露时弊、抨击袁世凯政权的腐朽和不得人心而被责令停刊。同年8月1日，丁宝臣被捕，8月19日被杀害。

◀ 丁宝臣

▲

《正宗爱国报》

刘清扬

刘清扬（1894—1977），女，号婉如，天津出生。中国共产党早期党员，周恩来的入党介绍人之一，中国妇女运动活动家，是五四时期具有组织才干和自我牺牲精神的女界代表人物。早年曾参加同盟会，1919年女子师范学校毕业时投身到天津五四爱国运动中，和直隶女师的同学郭隆真、邓颖超等发起成立了天津女界爱国同志会，当选为会长，并任天津各界联合会常务理事，1919年8月为请愿代表之一。在北伐战争、土地革命战争、抗日战争和全国解放战争中，为中国革命和妇女解放运动奔走呐喊，是中国妇女解放运动的先驱。新中国成立后曾担任全国政协常委、全国妇联副主席、中国红十字会副会长等职。

郭隆真

郭隆真（1894—1931），女，原名郭淑善，化名石衫、石珊、林一、林逸。1894年3月18日出生，河北省大名县金滩镇人。中国共产党早期的女革命家，是北方妇女运动的先驱者和工人运动的卓越领导人。1909年，和父亲一起创办了大名县历史上第一所女子小学，也是河北省农村的第一所女子学校。1912年5月，直隶省政府派视学检查大名府的办学状况，对其大加赞赏，并将该校迁往县城，更名为“红石桥女子高小”。五四运动爆发后，郭隆真积极参加爱国运动，成为当时天津妇女运动和学生运动的著名领袖。1920年11月7日，郭隆真和周恩来等人一起赴法勤工俭学。1922年，中共旅欧支部成立。1923年，经周恩来、尹宽介绍，加入中国社会主义青年团，同年转入中国共产党。1925年奉调回国后，先后在北京、东北、山东等地区工作，创办进步刊物《妇女之友》。1930年，前往青岛工作不幸被捕，次年英勇就义。

穆青

穆青

穆青（1921—2003），我国当代著名的新闻记者。原名穆亚才，祖籍河南开封杞县，为了生计，举家随祖父迁到安徽蚌埠。曾担任学校进步团体“文学艺术同盟”主席，出版文艺刊物《群鸥》，用穆肃的笔名发表文章。七七事变爆发后，16岁的穆青到山西临汾，进入八路军学兵队学习，后留师部做宣传工作。1942年8月进入党中央机关报《解放区报》从事新闻工作。同年9月穆青与张铁夫同志一道采写了《人们在谈说着赵占魁》《赵占魁同志》等。在抗日战争、解放战争期间，发表了大量贴近生活的作品。长期担任新华社领导，曾任新华社社长。从事新闻工作50多年，他勤学苦练，不懈进取，足迹遍及大江南北和世界各地，写了多篇在中国新闻史上具有里程碑意义的新闻佳作，为我国新闻队伍建设付出了辛勤劳动。

白寿彝

◀ 白寿彝

白寿彝（1909—2000），字肇伦，又名哲玛鲁丁，河南开封人，著名历史学家。对中国史、回族史和伊斯兰教史都有很高的造诣。12岁入开封教会学校圣安德烈中学。1925年考入上海文治大学，不久转学到河南中州大学文科二年级读书，受到著名哲学家冯友兰的直接教诲。1932年获得燕京大学国学研究所哲学史硕士学位，被聘为北平研究院历史研究所及禹贡学会编辑。1940年后历任云南大学、重庆中央大学、南京大学等校历史系教授。其间，曾创办《伊斯兰》，主编《月华》《云南清真铎报》等杂志。1949年同郭沫若、范文澜等创办了新中国史学会，并于同年受聘于北京师范大学，任历史系教授。新中国成立后，被聘为中国科学院专门委员，与侯外庐等筹建中国科学院历史研究二所并兼任研究员。同时创办了《光明日报》的《历史教学》半月刊，与刘大年等发起创办了《历史研究》杂志。1971年起，开始主持二十四史的点校工作。一生致力于中国民族史、中国史学史及中国通史的研究。是中国第一位系统地写出中国伊斯兰教历史和回族史的杰出学者。1999年，由他任总主编的《中国通史》12卷22册全部出版，获得社会上的高度评价。

李德伦

李德伦（1917—2001），曾担任中国音乐家协会副主席，原中央乐团（中国交响乐团前身）艺术指导、常任指挥，中国交响乐团顾问，北京交响乐团顾问等职务。少年时期学习钢琴及小提琴，在辅仁大学读书时曾与师生组成学生管弦乐团，并参加演奏。

李德伦

李德伦自幼受母亲音乐艺术启蒙以及良好的文化教育。1940年，他考入上海国立音乐专科学校，学习小提琴。1943年毕业后，到延安的中央管弦乐团当指挥。1949年初，随着解放大军进入北京。新中国成立后，李德伦先后担任北京人民艺术剧院、中央歌剧舞剧院的指挥。1953年，他到苏联音乐学院深造，师从著名指挥家阿诺索夫。1956年，参加了“布拉格之春”音乐节的演出。1957年，学成归国，担任中央交响乐团指挥。

李德伦的职业生涯里，除了在北京及全国各地指挥演出，他还率领中央乐团交响乐队到日本、朝鲜等国家和香港、澳门等地区演出，并带领室内乐团去西班牙的20多个城市演出。作为客座指挥，他曾先后指挥过俄罗斯圣彼得堡、莫斯科等城市的20多个乐团，并去芬兰、捷克、古巴等国指挥。

李德伦多次应邀赴欧洲、美洲各国作访问演出，并任客座指挥。1980年，获文化部授予的指挥荣誉奖。1985年，任巴黎梅纽因国际小提琴比赛评委。1986年，任莫斯科第八届柴可夫斯基国际大提琴比赛评委，同年获匈牙利政府文化部授予的李斯特纪念奖章。1997年，获俄罗斯总统叶利钦颁发的友谊勋章。

马连良

马连良

马连良（1901—1966），字温如，中国著名京剧艺术家，老生行当的代表性人物之一，“马派”艺术创始人，京剧“四大须生”之首，民国时期京剧三大家之一，扶风社的招牌人物。代表剧目有《借东风》《甘露寺》《清风亭》《四进士》《失空斩》等。马连良受家庭的熏陶，从小热爱京剧艺术，9岁入北京喜连成科班，23岁自行组班，发展成为独树一帜的“马派”表演风格。20世纪，他与余叔岩、高庆奎、言菊朋并称前“四大须生”；后3人去世，他又与谭富英、奚啸伯、杨宝森并称后“四大须生”。1931年，马连良在天津与周信芳同台演出，因他们技艺精湛，各具风采，被誉为“南麒北马”。

马连良的演唱，结合自身条件，吸收各家之长，大胆突破传统，发展自己的所长，创立与他人不同的唱法。他的演唱，流利、舒畅、雄浑中见俏丽，深沉中显潇洒，奔放而不失精巧，粗豪又不乏细腻，他以独特的风格，为京剧开创一代新声，成为广大群众喜闻乐唱的马腔，丰富了京剧老生的唱腔艺术。他的表演，手、眼、身、步结合一体，准确严谨，凝重潇洒，将人物蕴涵的复杂感情，节奏鲜明地形之于外，形成独具艺术魅力的马派风采。

马连良严格要求一台无二戏，欢迎同台演员尽抒所长，以取得交互辉映、相得益彰的效果，他毕生坚持搭配整齐的艺术阵容，严谨严肃而认真的演出作风。包括音乐伴奏，一般配角，甚至龙套演员，都必须一丝不苟，对观众负责。

参考文献

1. 丁毅民．新中国的回回民族．北京：民族出版社，1958

2. 方思一．伊斯兰教史话．乌鲁木齐：新疆人民出版社，1975

3. 李树江，王正伟．回族民间故事选．上海：上海文艺出版社，1985

4. 宁夏社会科学院．西北回民起义研究资料汇编．银川：宁夏人民出版社，1988

5. 马亮生．湖南回族．长沙：湖南人民出版社，1988

6. 韦荣慧．中华民族服饰文化．北京：纺织工业出版社，1992

7. 胡振华．中国回族．银川：宁夏人民出版社，1993

8. 丁国勇．宁夏回族．银川：宁夏人民出版社，1993

9. 罗韵希，王正伟等．回族风情录．成都：四川民族出版社，1994

10. 马启成，高占福，丁宏．回族．北京：民族出版社，1995

11. 马通．中国伊斯兰教派与门宦制度史略．银川：宁夏人民出版社，1995

12. 马亮生．湖南回族史料辑要．长沙：湖南出版社，1995

13. 马旷源．回回文化论集．北京：中国文联出版公司，1998

14. 马明龙．广西回族历史与文化．南宁：广西民族出版社，1998

15. 马平．回族心理素质与行为方式．银川：宁夏人民出版社，1998

16. 马绍周，隋玉梅．回族传统道德概论．银川：宁夏人民出版社，1998

17. 马维良．云南回族历史与文化研究．昆明：云南大学出版社，1999

18. 王正伟．回族民俗概论．银川：宁夏人民出版社，1999

19. 丁宏．东干文化研究．北京：中央民族大学出版社，1999

20. 上海戏剧学院《中国民族发饰》编委会．中国民族发饰．成都：四川人民出版社，1999

21. 许宪隆．诸马军阀集团与西北穆斯林社会．银川：宁夏人民出版社，2001

22. 马宗保．多元一体格局中的回汉民族关系．银川：宁夏人民出版社，2002

23. 白寿彝．中国回回民族史．北京：中华书局，2003

24. 陶红，白洁，任薇娜．回族服饰文化．银川：宁夏人民出版社，2003

25. 刘伟．宁夏回族历史与文化．银川：宁夏人民出版社，2004

26. 丁国勇．回族史话．银川：宁夏人民出版社，2006

27. 喇敏智，马明良．回族对伟大祖国的贡献．兰州：甘肃民族出版社，2006

28.《新疆回族民俗》编委会．新疆回族民俗．银川：宁夏人民出版社，2006

29. 严梦春. 河州回族脚户文化. 银川: 宁夏人民出版社, 2007
30. 白草. 文学大家笔下的回族. 银川: 宁夏人民出版社, 2008
31. 马平. 多元融通的回族文化. 银川: 宁夏人民出版社, 2008
32. 丁克家, 马雪峰. 世界视野中的回族. 银川: 宁夏人民出版社, 2008
33. 王伏平. 宁夏回族史话. 银川: 宁夏人民出版社, 2008
34. 王国强. 走进回族. 银川: 宁夏人民出版社, 2008
35. 拜学英. 回族习俗探源. 北京: 民族出版社, 2009
36. 马兆政. 图说辽宁少数民族丛书——回族. 沈阳: 辽宁民族出版社, 2009
37.《当代云南回族简史》编辑委员会. 当代云南回族简史. 昆明: 云南人民出版社, 2009
38. 马广德. 回族经堂哥. 银川: 宁夏人民出版社, 2009
39. 马新芳. 陕西回族史话. 银川: 宁夏人民出版社, 2010
40. 王雪晨. 中国文化知识读本——回族. 长春: 吉林文史出版社, 2010
41. 王钟健. 回族. 乌鲁木齐: 新疆美术摄影出版社, 新疆电子音像出版社, 2010
42. 马安禄, 翁乾麟. 南宁回族史稿. 银川: 宁夏人民出版社, 2011
43. 冯福宽, 杨连福. 丝绸之路上的回响. 北京: 中央民族大学出版社, 2011
44. 马建钊, 张菽晖, 汪鲸. 广东回族历史文化. 北京: 民族出版社, 2012
45. 邱树森. 中国回族史. 银川: 宁夏人民出版社, 2012
46. 马玉祥. 走进中国回族. 北京: 中国大百科全书出版社, 2012
47. 钟亚军, 王宁丽. 回族民间文学导论. 银川: 宁夏人民出版社, 2012
48. 王永亮. 西北回族社会发展机制. 银川: 宁夏人民出版社, 2012
49. 王锋. 回族历史文化教程. 北京: 中国社会科学文献出版社, 2012
50. 霍维洮. 近代西北回族社会组织化进程研究. 银川: 宁夏人民出版社, 2012
51. 王卫华. 北京牛街回族民俗研究. 北京: 民族出版社, 2013
52. 郭平建. 北京回族服饰文化研究. 北京: 中央民族大学出版社, 2013

图片提供者

（按姓氏音序排列）

陈丁龙
第 67 页
第 68 页
第 69 页
第 70 页
国家民委
第 106 页
马兆政
第 19 页
第 24 页
第 25 页
第 27 页
第 64 页
第 65 页
第 66 页
第 73 页
第 75 页
第 90 页
第 91 页
第 104 页
第 112 页（下）
第 121 页
第 135 页
第 136 页
第 137 页
第 145 页
宁夏民委
第 107 页
张龙
第 10 页
第 11 页
第 12 页
第 14 页
第 15 页
第 16 页
第 21 页
第 23 页
第 26 页
第 30 页
第 32 页
第 33 页
第 35 页
第 36 页
第 37 页
第 38 页
第 39 页
第 40 页
第 42 页
第 44 页
第 45 页
第 46 页
第 52 页
第 54 页
第 55 页
第 56 页（上）
第 59 页
第 60 页
第 61 页
第 62 页
第 74 页（下）
第 76 页
第 77 页
第 80 页
第 84 页
第 85 页
第 86 页
第 87 页
第 93 页
第 95 页
第 96 页
第 98 页
第 100 页
第 108 页
第 110 页
第 111 页
第 112 页（上）
第 113 页
第 114 页
第 115 页
第 116 页
第 117 页
第 118 页
第 128 页
第 130 页
第 132 页
第 134 页
第 138 页
第 139 页
第 140 页
第 142 页
第 144 页
第 146 页
第 147 页
第 148 页
第 149 页
第 152 页
第 153 页
第 154 页
第 155 页
第 157 页
第 158 页
第 159 页
第 160 页
第 161 页
第 162 页
第 163 页
《中国少数民族图典》
第 56 页（下）
第 58 页（下）
《吉林少数民族丛书·吉林回族》
第 53 页
第 58 页（上）
第 63 页
第 77 页（左下）

后记

作为一个回族，我有幸接受辽宁民族出版社的委托，担任《走近中国少数民族丛书·回族》一书的编写人，深感荣幸，亦有不安。我出生于安徽寿县一个回族家庭，全县5万多回族，占全县少数民族人口的98%以上。寿县城北有紫顺街，原名紫城街，其西曰“回回街”，宋时回族不足200户，千余人，并建有清真寺。纵观历史上寿县曾有过清真寺48坊，现在全县城乡有清真寺25坊，其中坐落于城关西南隅的华东清真大寺是全县清真寺之首。此寺在1986年被安徽省人民政府列为全省重点文物保护单位。寿县管辖的回族乡有陶店回族乡，地处寿县腹部，位于优美的瓦埠湖畔，属全省9个少数民族乡之一。在这样一个氛围里生活，我从小就浸润了不少本民族的文化，对本民族拥有很深的感情。

我大学在中南民族学院就读，攻读硕士研究生时候入京，就读中央民族大学。其后，从教于中南民族大学。可以说，一直在同民族打交道，接触了全国各地的少数民族，以及国外的一些民族，对不同民族、不同文化也有了一些比较和了解。在学校以及做学术期间，接触了全国各地的回族，在沟通交往中，认识到不同地域回族成员之间的许多差异，但也存在许多共性。20多年前就专门写过一篇文章《东南沿海与甘宁青地区回族历史文化之比较》，文中就东南沿海与甘肃、宁夏、青海地区回族地域差别加以解释，认为“伊斯兰文化通过吸收儒家文化，形成了更加宽容，更加现实的回族文化，使散布在全国各地的回族能够凭借自己民族文化的潜力接受在不同地方同时存在的，种种有效的生活模式，不难看出，伊斯兰教与回回民族的特殊关系至少表现在两个方面：第一，伊斯兰宗教文化是回族文化的起始来源之一，伊斯兰教的戒律是各地回族不同生活模式中遵守的共同准则；第二，作为宗教载体的回回民族，通过自身的创造，又把它更新为一个中国式的伊斯兰教。不论是东南沿海，还是西北甘、宁、青地区，即使宗教的异化达到了面目全非的地步，对伊斯兰教的亲切感在回族中也依然存在，只是相对于不同地区，发展上有些不平衡罢了”。基于共性的理解，我意图告诉大家，民族是发展变化的，不能用一种统一的眼光、固定的思维来定性民族中的每一个成员。我希望将自己的这个见解注入这本回族普及读物中，让更多的人了解回族，认识回族的特点，增进民族之间交流的感情。

为了更好地完成写作，我查阅了数十部相关著作，有通俗普及本的《走进中国回族》，也有带有理论特点的《中国回族史》。结合本套丛书的要求拟定了本书的框架，试图用自己的模式来规范本书的内容，希望能得到大家的认同，也不负出版社的委托。作为本书的另一位作者，张龙博士参与了本书大量的采集、编写工作，为本书最终成稿付出了努力。基于图片真实感，本书大部分图片采用了实地拍摄的照片，一些借用的照片也相应标明了出处。在本书的写作过程中，中南民族大学的李安辉、哈正利、黄贞、梁润萍、刘勇、杨爱琴、陈蒙、刘卫宁、张嘉斐等人提供了许多帮助，尤其是杨爱琴博士为了支持本书的出版，专门拍摄了多张身着回族传统服装的照片，供封面图片使用时选择，还有马兆政先生为本书提供了大量珍贵图片，在此一并加以感谢。

本书不妥之处，希望得到大家的指正，为以后的提高创造条件。

许宪隆

2014年12月30日于武汉